Sabine Bobert

W0058437

Mystik und Coaching

mit MTP – Mental Turning Point®

Vier-Türme-Verlag

Bibliographische Information der Deutschen Nationalbibliothek
Die Deutsche Nationalbibliothek verzeichnet diese Publikation in der Deutschen National-
bibliographie. Detaillierte bibliographische Daten sind im Internet über http://dnb.d-nb.de
abrufbar.

Reihe: uRbaN MyStiX, Band 2

1. Auflage 2011
© Sabine Bobert, Christian-Albrechts-Universität zu Kiel, Kiel 2011
Alle Rechte vorbehalten.
Umschlagmotiv: Fensterrose der Zisterzienserkirche Neuberg an der Mürz
© Fotograf: Martin Aigner, http://www.burgenseite.com, „Download“
Druck und Bindung: Friedrich Pustet KG, Regensburg
ISBN 978-3-89680-518-8
www.vier-tuerme-verlag.de

Inhalt

Vorwort

Das Christentum ist nicht so banal, wie es zurzeit im Westen vermarktet wird. Es ist mehr als ein Humanistenclub. Es zielt seit seinen Anfängen auf die Erleuchtung und die Vereinigungserfahrung mit der letzten Wirklichkeit. Sie müssen nicht die Religion wechseln, um diese Erfahrungen zu machen. Die großen Abwanderungsbewegungen in andere Religionen sind die Antwort auf die Verniedlichung und Banalisierung des Christentums, denn „Die unendliche menschliche Seele kann niemals Erfüllung finden, außer durch das Unendliche selbst."[1]

Das Christentum ist keine Lehre, sondern in erster Linie eine Lebenspraxis, die auf die Vereinigung des Menschen mit Gott zielt. Erst von diesem Zielpunkt aus lassen sich die heiligen Texte und die mystische Theologie in ihrer Tiefe verstehen. Die Theologie hat eine Philosophie daraus gemacht. Antike Philosophien hingegen waren noch mit einer bestimmten Lebenspraxis verbunden, häufig mit Übungen wie Fasten und Schweigen, die die Selbsterkenntnis unterstützten. Erst aus der rechten Lebenspraxis folgen richtige Erkenntnisse. Stellen Sie sich eine Tai-Chi-, eine Zen- oder eine Yoga-Stunde vor, die nur aus Anpredigen besteht. Wie absurd! Doch dieselben Zustände im westlichen Christentum fallen kaum noch jemandem als absurd auf. Als Vivekananda um 1900 als der erste Yogi in die USA kam, traf er auf Christen, die ihr Christsein als Belehrtwerden verstanden. Das genügte ihnen. Sie begriffen nicht, was Vivekananda von ihnen wollte, als er darauf bestand: „Praxis ist absolut notwendig. Ihr könnt Euch hinsetzen und mir jeden Tag

---

[1] Vivekananda, in: Karl Baier, Meditation und Moderne. Zur Genese eines Kernbereichs moderner Spiritualität in der Wechselwirkung zwischen Westeuropa, Nordamerika und Asien, Bd. 2, Würzburg 2009, 473f, vgl. 467ff.

stundenlang zuhören, aber wenn ihr nicht übt, werdet ihr keinen Schritt weiterkommen. Es hängt alles von der Praxis ab. Wir verstehen diese Dinge niemals, bis wir sie erfahren."[2] Die Übungen dieses Buches machen Sie für sich, für Ihre Lebenswelt und für die verborgenen Dimensionen dieser Wirklichkeit wahrnehmungsfähiger. Die Zeit des Belehrens ist in einem Zeitalter religiös mündiger Menschen vorbei. „Lehre" muss wieder die Urgestalt annehmen: Jemand, der Gott erfahren hat, führt andere Menschen zu spirituellen Erfahrungen hin – durch Einweihungsrituale und durch individuelle Übungen, die der Einweihung[3] dienen.

Die Reformation ist kein historisches Datum, auf dem man sich ausruhen könnte. Sie geht weiter. Die Übungen in diesem Buch setzen auf eine neue Reformation durch eine lebendige Mystik. Es geht um eine Mystik, die mitten im urbanen Kontext eingeübt werden kann. Was nützt das evangelische Dogma vom „allgemeinen Priestertum", wenn die „allgemeinen Priester" Gott nicht mehr spüren? Je ferner Gott ist, desto wichtiger wird der Streit über Kleinigkeiten – über Begriffe, über Dogmen, über Machtsphären. Je näher Gott kommt, desto undogmatischer wird eine Religion. Jeder begreift, dass er seine Erfahrungen in diese, aber ebenso in jene Worte hüllen könnte – und dass keines dieser Worte die Erfahrung fassen kann.

Aus einer lebendigen Mystik wird ein undogmatisches Christentum geboren, bei dem jeder seine Erfahrungen in eigene Worte fassen kann. Es wird eine Netzwerk-Kirche entstehen, die sich quer zu den konfessionellen Grenzen organisiert. Sie öffnet sich aus der Mitte der Gotteserfahrung heraus für den Austausch mit anderen

---

[2] Vivekananda, in: Baier 2, a. a. O., 476.
[3] Ich gebrauche „Einweihung" im Sinne der frühkirchlichen Mystagogie, vgl. Sabine Bobert, Jesus-Gebet und neue Mystik, Kiel 2010, 47ff.

Religionen. Die neuen Mystikerinnen und Mystiker lassen den Streit über Begriffe hinter sich, weil sie durch Erfahren begreifen.

Der Band „Mystik und mentales Coaching mit MTP Mental Turning Point®" ist Band 2 der Trilogie „Urban MystiX", die zur Verbreitung dieser neuen Mystik beitragen will. Band 1 „Jesus-Gebet und neue Mystik" führt in die theoretischen Hintergründe ein. Band 2 weist in die mystische Praxis ein. Er ist als kursbegleitendes Buch zu den Seminaren „Mystik und mentales Coaching" entstanden und kann zum Kennenlernen gelesen werden. Langfristig ist ein dritter Band geplant. Er wird die Erfahrungen der neuen Mystikerinnen und Mystiker vorstellen und reflektieren.

Tief dankbar bin ich den Kursteilnehmerinnen und Teilnehmern, die ihre Erfahrungen mit den Übungen für dieses Buch zur Verfügung gestellt haben. Ich danke Bruder Linus für die Aufnahme der Trilogie in das Verlagsprogramm des Vier-Türme-Verlags vom Kloster Münsterschwarzach.

Ute Minne und Christina Forster sorgten für die Innengestaltung des Bandes. Ebenso dankbar verbunden bin ich Kirstin Bogenschneider und Carol Lupu für wertvolle Vorschläge beim Korrekturlesen. Kathrin Tiedemann fertigte die Zeichnungen an.

Berlin, Michaelis 2011

1 Stadt-Eremiten

1.1 Hinweise zur Arbeit mit dem Buch

Der vorliegende Band ist aus den von mir entwickelten Seminaren „Mystik und Coaching mit MTP – Mental Turning Point®" entstanden. Er fasst die Übungsanleitungen und Erfahrungen mit den Übungen zusammen. Das Handbuch kann auch einführend in die Übungen gelesen werden. Alleine zu üben ist jedoch riskanter und für viele entmutigender als das Üben im Austausch mit anderen. Vielleicht haben Sie, falls Sie das Buch einführend lesen, die Möglichkeit, sich mit einer MTP-Meditationsgruppe zu vernetzen oder an einem Seminar teilzunehmen.

Aus meinen Erfahrungen bei der Begleitung von Übenden weise darauf hin, dass die Übungen mit dem Jesusgebet oder mit einem selbst gewählten Mantra ab dem Auftreten von Symptomen für eine mystische Entwicklungsstufe (siehe Kapitel 6) für die körperliche und seelische Gesundheit riskant werden können. Ab dieser Stufe sollte man nur mit einem erfahrenen Begleiter weiter gehen.

Ferner rate ich Menschen mit seelischen Erkrankungen dazu, weiterhin alle psychologischen Behandlungsmöglichkeiten auszuschöpfen und keinesfalls im Alleingang mit dem mantrischen Beten zu üben.

Das Buch ist so aufgebaut, dass es quergelesen werden kann. Für Einsteiger sind die *Kapitel 2 bis 4* wesentlich. Hier geht es um die drei Grundübungen zum Wollen, Fühlen und Denken.

Wer die Übungen bereits aus dem Seminar kennt, kann in den *Kapiteln 5 und 6* Weiterführendes entdecken. Sie beschreiben Erfahrungen auf dem Heilungsweg sowie anfängliche Erfahrungen auf der mystischen Stufe. Eine ausführliche Darstellung der mystischen Stufe hätte diesen Band gesprengt. Sie bleibt dem dritten Band der Trilogie „Urban MystiX" vorbehalten. In *Kapitel 7* findet sich eine Zusammenfassung der drei Grundübungen.

Die Kapitel 2 bis 6 bestehen aus zwei Hauptteilen. *Teil A* bietet eine kompakte Einführung in die jeweilige Übung bzw. in die Wegetappen „Heilung" und „Mystik". *Teil B* enthält weiterführende Informationen.

Grafisch sind die Kapitel so gestaltet, dass Sie:

- in einem markierten Textblock die Übungsanleitungen finden und
- bei dem Zeichen ⌘ Teilnehmererfahrungen zu den jeweiligen Übungen und Fragestellungen.

Ein rechtlicher Hinweis: Die MTP-Kurse und die in diesem Buch beschriebenen Übungen ersetzen keinen Arztbesuch und keine Therapie. Es handelt sich um spirituelle Übungen, die die Selbstheilungskräfte der Übenden aktivieren können. Unterlassen Sie im Vertrauen auf die im Buch beschriebenen spirituellen Übungen keinesfalls den Besuch beim Arzt. Keinesfalls sollten Sie eine laufende medizinische Behandlung unter oder abbrechen. Keinesfalls sollten Sie, ohne Rücksprache mit Ihrem Arzt, eigenmächtig Medikamente absetzen.

Nach § 3 des Heilmittelwerbegesetzes ist es untersagt, mit Heilungsversprechen zu werben. Die in diesem Buch zitierten Erlebnisberichte von Teilnehmern der MTP-Kurse und die Erfahrungsberichte aus der Seelsorge schildern persönliche Erlebnisse und subjektive Ansichten. Die Worte „Heilung" und „Heilungsweg" beziehen sich im Buch auf Selbstheilungskräfte, die durch Gebet und Meditation aktiviert werden können. Spirituelle Übungen können ärztliche Kunst immer nur ergänzen, niemals ersetzen.

1.2 Stadt-Eremiten einst und heute

⌘ „Mönchisch leben in der Welt – welche Möglichkeiten gibt es da? Die eigene Lebenslinie ist einem selber ja selten besonders klar vor Augen, wenn man ständig abgelenkt ist, aber ich habe gerade das Gefühl, dem Ganzen zumindest ein wenig näher zu kommen."

Wie diese Kursteilnehmerin, so stellen sich viele heute diese Frage. Müssen Berufsleben und Spiritualität auseinandergehen? Was wäre, wenn beide Wege einander fördern würden? Die Kursteilnehmerin hat erfahren, dass mit den MTP-Übungen beides vereinbar ist – ein fulltime job und ein mystischer Entwicklungsprozess. Sie fährt in ihren Überlegungen fort:

⌘ „Eine durchaus traditionsreiche Sache: Monastisch[1] leben in evangelischer Freiheit. In der Welt mit Job etc., aber in einem spirituellen Rahmen mit Ritualen, die die mönchische Lebensweise stützen. Tagzeitengebet, Stille, Gehorsam gegenüber Christus – möchte ich schon seit dem Kurs in A. in mein Leben holen. Es ist noch ein langer Weg dorthin, vor allem brauch ich einen starken Willen dafür. Ich habe nicht das Gefühl, dass ich bisher etwas erzwingen musste, es hat sich so entwickelt. Vielleicht ist es so, dass man auf dem Weg des Jesusgebets automatisch dorthin kommt.
Die Integration des monastischen Lebensstils in mein jetziges Leben soll vor allem nicht laut geschehen, nicht abrupt. Keine großen äußeren Veränderungen, eigentlich sind es nur Konsequenzen meines Inneren, die ich geschehen lassen möchte – ohne mir Gedanken darüber zu machen, ob mich mal wieder Menschen so ‚anders‘ finden. Wie gut, dass ich auf dieser Ebene so lange ge-

---

[1] „Klösterlich", „mönchisch".

prüft und gestärkt wurde, sodass es mir endlich nicht mehr wirklich etwas ausmacht."

Die MTP-Übungen unterwandern die Trennung von „heilig" und „profan":

⌘ „Ich hatte heute das Gefühl, dass die Übungen nicht mehr einen festen Zeitrahmen haben, sondern dass sie eingetaucht sind in mein normales Leben. Naja, sicher nicht wie bei Heiligen, aber ich spüre die Trennung von spirituell und profan nicht mehr so extrem. Oder anders ausgedrückt, das Üben ist nicht etwas, wo ich mir Zeit nehmen muss, sondern es läuft einfach irgendwie immer mit. Sicher vergesse ich es auch mal, wenn ich etwas sehr konzentriert tue."

Dies sind Gedanken von neuen „Stadt-Eremiten", wie ich sie nenne, auf dem Weg mit den MTP-Übungen. Menschen im Geschäftsleben entdecken alte mystische Übungen für sich. Beruf und mystische Praxis in zeitgemäßer Gestalt fördern einander.

Eremiten sind traditionell Menschen, die ihre Persönlichkeit aus dem Gebet heraus organisieren und die die Vereinigung mit Gott suchen. Sie leben einfach und meiden Zerstreuung. „Ein Eremit ist ein Mensch, der ein mönchisches Leben führt, aber außerhalb von Klostermauern".[2] Eigentlich heißt „Eremit" „Wüstenbewohner", vom altgriechischen ἔρημος „eremos", „unbewohnt" für „Wüste". Das Einsiedlerdasein ist die älteste Form des Mönchtums. *Franz von Assisi* (1181-1226) war der erste, der das Eremitendasein mit dem Stadtleben verband. Sein Motto war „Eremo e cita", „Stille und Stadt". Der Stadt-Eremit bleibt dort, wo die Menschen leben.

---

[2] Isacco Turina, I nuovi eremiti. La „fuga mundi" nell'Italia di oggi, Milano 2007. Zitiert nach: VH, Aussteigen auf katholisch: Zahl der Einsiedler wächst, http://www.vaticanhistory.de/ wordpress/?p=1971, vom 26. August 2010. Und zitiert nach der Übersetzung von Beat Grögli, 2010, http://www.donbeat.ch/media/21b818ef2ca1498fffff821effa86322.pdf (Zugang am 31. 10. 2011)

Mit dem Boom des Einsiedlerlebens seit den 1980er Jahren haben die Eremiten die Stadtwüste neu entdeckt. Der italienische Soziologe *Isacco Turina* korrigiert ein altes Klischee. „Es ist nicht notwendig, ... dass die Einsiedelei eine Bleibe weit weg von den Menschen ist. Was zählt, ist, dass der Einsiedler an dem Ort, wo er wohnt, geeignete Bedingungen fürs Gebet vorfindet. Das kann auch in einem Stadtzentrum gegeben sein."[3] Wichtiger als die geographische Einsamkeit ist die Art, wie der Eremit sein Leben gestaltet: spirituell, sozial, sein kulturkritischer Lebensstil, vor allem sein Umgang mit Geld.[4] Eremiten leben die „Kunst des Weglassens". Sie „versuchen auf das Wesentliche konzentriert zu sein. Ihr einfaches, oft spartanisches Leben, in dem alles weggelassen wird, was ablenkt, zerstreut, die Sammlung auszudünnen droht, kehrt sich in radikaler Weise zum Ursprung."[5]

Turina unterscheidet Stadt-Eremiten von urbanen Singles, die inzwischen jeder Altersschicht entstammen und rund ein Drittel der Haushalte ausmachen. Stadt-Eremiten wählen die Einsamkeit aus freien Stücken. „Sie haben die Einsamkeit, die Leere, für sich entdeckt – jedoch nicht als Feind, den man bekämpfen oder dem man mindestens aus dem Weg gehen müsste. Sie machen genau das Gegenteil. Sie gehen straightforward darauf zu, springen mitten hinein. Und entdecken und bezeugen, dass eine Handbreit hinter der tödlichen Einsamkeit das Paradies zu Hause ist."[6]

Die Singles für Gott, die Turina beschreibt, sind häufig starke Persönlichkeiten mit einem herzlichen Charakter. „Eremiten sind keine Menschenfeinde ... Und er [der Eremit – SB] muss einen bemerkenswerten inneren Reichtum haben. Eine starke Berufung, da-

---

[3] Turina, 59, zitiert nach: Grögli.
[4] Turina, 168f. 189, zitiert nach: Grögli.
[5] Maria Anna Leenen, Einsam und allein? Eremiten in Deutschland, Münster 2006, 99.
[6] Meuser im Vorwort zu: Freddy Derwahl, Eremiten. Die Abenteuer der Einsamkeit, München 2000, 11.

mit er sich nicht langweilt und auch immer etwas findet, was er vertiefen und nachfragen und meditieren möchte."[7] Wegen seines konzentrierten Lebensstils wird der Stadt-Einsiedler für andere attraktiv. Um ihn „entsteht immer ein Netz von spirituellen Kontakten, Menschen, die im Austausch mit dem Eremiten stehen, etwa regelmäßig für ein paar Stunden und für eine spirituelle Erfahrung vorbeikommen."[8]

Den Stadt-Eremitinnen und -Eremiten, die mir vor Augen stehen, kommt es nicht darauf an, Äußeres zu kopieren. Es geht Ihnen um das Herz des Mönchtums: um einen Lebensstil zur Vereinigung mit Gott bzw. mit dem Ursprung allen Bewusstseins. Die neuen Stadt-Einsiedler finden den Himmel in sich und tragen ihn zu anderen. Sie bilden Netzwerke quer zu kirchlichen und religiösen Grenzen. Sie nutzen die Standby-Zeiten des Alltags für Gebet und Meditation. Sie verbinden den Gang über den Flur, das Anstehen an der Kasse, Sitzungen und Hausarbeit mit dem Himmel. Sie akzeptieren ihren Alltag als den Trainingsort, der alles zur Transformation von Denken, Fühlen und Wollen bereitstellt.

Der mystische Weg mit „MTP Mental Turning Point®" ist die Antwort aus dem Herzen des Mönchtums auf das Elitäre, das vielen Wegen zur Erleuchtung anhaftet. Wer sich voll im Beruf einsetzt, dem bleibt kaum Zeit zur Extra-Gottsuche. Wenn er heimkehrt, warten auf ihn andere Aufgaben als stille Stunden zur Meditation. Die MTP-Übungen nehmen den basisdemokratischen Impuls aus der Mystik auf. In jedem Menschen lebt Gott bereits. Jede und jeder kann Gott in sich finden. Jede und jeder kann Stadt-Eremit oder Stadt-Eremitin werden.

---

[7] Turina, a. a. O. (Anm. 2), zitiert nach: VH.
[8] Turina, a. a. O., zitiert nach: VH.

1.3 Einen mentalen Wendepunkt einleiten

„Irgendwann ist der Zeitpunkt erreicht, wo einen der Gedanke befällt, bis hierher so viel Falsches und Peinliches getan, so viel Unsinn geredet, so viel Entscheidendes versäumt zu haben, dass es in diesem einen Leben nie mehr wettzumachen ist. Wenn man dann versucht, es dennoch wettzumachen, beginnt der interessantere Teil desselben."[9]

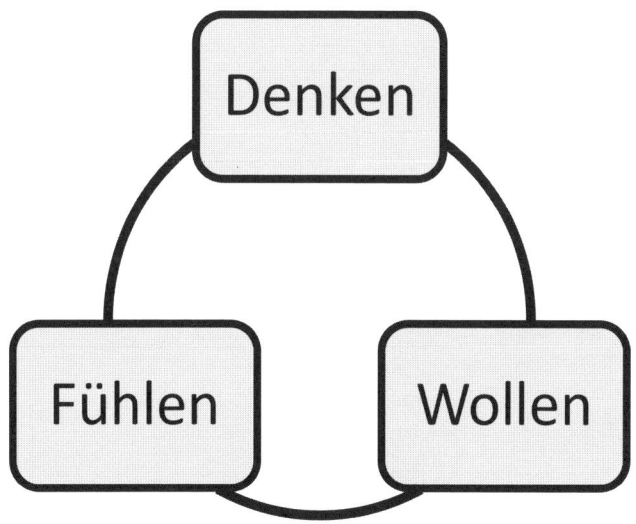

Abbildung 1: Drei Übungsfelder der MTP-Mystik

---

[9] Michael Klonovsky, http://www.michael-klonovsky.de/content/view/13/41/ (Zugang am 30.10. 2011).

„MTP" steht für „Mental Turning Point" – „Mentaler Wendepunkt". Drei einfache Übungen geben Menschen den Schlüssel zur Lebenswende. Die Klosterübungen im Westentaschenformat bündeln die spirituelle Weisheit der ersten christlichen Wüsteneinsiedler für heutige Lebensverhältnisse. Alle drei Übungen führen Menschen in ihre Wesensmitte. Wer mit der eigenen Mitte verbunden ist, sieht sein Leben und die Welt anders.

Für diese Verwandlung durch Zentrierung reichen drei Übungen. In der Mystik ist weniger stets mehr. Lieber einen Diamanten haben als 100 Kilo Brikett. Qualität statt Quantität. MTP ist spiritueller Minimalismus.

Die Übungen sind schnell erlernbar. Sie passen in jedes Zeitfenster des Arbeitstages. Die Mini-Übungen erfordern weder weiterführende Kurse noch eine jahrelange Dauerabhängigkeit von einem Lehrer.

1.4 Coaching – Heilung – Mystik

Man kann mit den MTP-Übungen drei Ziele verfolgen: Coaching, Heilung und Mystik. Ob eine Mystik gut ist oder ob sie lediglich in Parallelwelten führt, das erweist sich im Alltag. Bei einer alltagstauglichen Mystik werden einem die Gedanken, Gefühle und Willensimpulse zunehmend klar. Ein Schleier aus alten Mustern lichtet sich. Ein Leben aus Wiederholungsschleifen öffnet sich zum Leben live. Ab jetzt gibt es nichts Spannenderes als das Leben selbst.

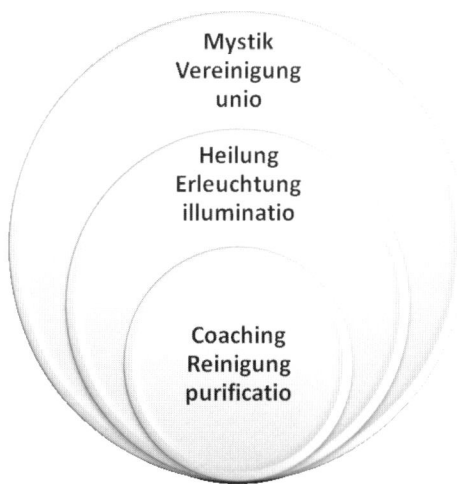

Abbildung 2: Drei Stufen der Selbsterkenntnis

Zu welchem Ziel Sie mit den Übungen unterwegs sind, das bestimmen Sie selbst. Sie steuern dies über die Übungsfrequenz. Wer wenig übt, lebt weiterhin zerstreut und hält seine mentalen und emotionalen Schleifen für die Wirklichkeit. Wer viel übt, kommt im Jetzt an. Er erlebt sich als Schöpfer der Wirklichkeit.

1. Coaching – Reinigung – purificatio

Bessere Examensnoten? Eine Nacht durcharbeiten und am nächsten Tag fit sein? Als Manager mühelos konzentriert bleiben? Der derzeitige gesellschaftliche Trend heißt „Neuro-Enhancement". Das Wort könnte man salopp mit „Hirndoping" übersetzen. „Enhance" meint im Englischen etwas „aufwerten", „mehren". Das wichtigste Mittel liefert hier, wie im Sport, die Pharmaindustrie. Körperlich scheint jetzt das Gehirn an der Reihe zu sein, um noch mehr Leistung aus Menschen herauszuholen: mentale Hochleistung am Arbeitsplatz.

„Neuro-Enhancement soll nicht zur Heilung Kranker, sondern Gesunden zur mentalen Leistungssteigerung helfen.", schreibt Gary Stix in „Spektrum der Wissenschaft".[10] Die Nachfrage nach pharmazeutischen Kognitionsverstärkern boomt. „Modafinil" („Vigil") wird von Gesunden als Wachmacher genutzt, mit dem man eine Nacht durcharbeiten kann, ohne am nächsten Tag einen Durchhänger zu haben. Kognitionsverstärker, die ursprünglich für Kranke mit Alzheimerkrankheit und für andere Formen der Demenz (kognitive Alterserscheinungen) entwickelt wurden, haben bei Gesunden neue Einsatzfelder gefunden. Die kognitiven Leistungssteigerer haben Einzug in Büros und Studentenwohnheime gehalten. 2008 ergab eine Umfrage der renommierten Fachzeitschrift „Nature",

---

[10] Vgl. Gary Stix, Doping für das Gehirn, in: Spektrum der Wissenschaft, Januar 2010, 46-54, hier: 53. Vgl. Das optimierte Gehirn [Memorandum Neuro-Enhancement], in: Gehirn&Geist 2009, Heft 11, 1-12, online unter URL: http://www.gehirn-und-geist.de/memorandum (Zugang am 30. 10. 2011).

dass jeder fünfte der akademischen Leser schon „Ritalin", „Modafinil" oder Betablocker zur Leistungssteigerung eingenommen hatte. Als häufigsten Grund nennen Studenten und Wissenschaftler bei Umfragen die Notwendigkeit, ihre *Konzentration zu steigern.*[11] Ein weiterer Grund ist die Verbesserung des *seelischen Wohlbefindens.*

MTP ist eine Form des natürlichen Neuro-Enhancement. Sie können die Leistungsfähigkeit Ihres Gehirns durch MTP-Techniken nachhaltiger steigern als durch chemische Unterstützung und die Dauer-Abhängigkeit von Medikamenten.

Der alte mystische Begriff „Reinigung" erinnert heute eher an Putzmittel als an Konzentrationssteigerung und ein Erfülltsein mit Liebe. „Coaching" fasst die mentalen und emotionalen Klärungsprozesse heute besser zusammen. Das Bewusstwerden individueller Muster im Denken, Fühlen und Wollen führt zu einer neuen Stufe von Selbstbewusstsein. „Coaching" ist die erste Stufe der Selbsterkenntnis. Die Übungen helfen Ihnen dabei, klarer zu kommunizieren und Ihre Ziele effektiver zu verfolgen.

Die Coaching-Wirkungen der Übungen im ersten halben Jahr können so erlebt werden:

⌘ Ein angespannter Mensch mit hohen Normen, der bereits eine Psychotherapie und einen Klinikaufenthalt hinter sich hatte: „Ich fühle mich angenehm ruhig. Ich habe das Gefühl, als wäre eine Schutzwand um mich herum. Ich fühle mich sicher."

⌘ Eine Lehrerin: „Ich merke, dass ich nur noch wenig verspannt bin, wenn ich zu Hause ankomme. Ich habe nicht mehr diese schreckliche Migräne."

---

[11]   Stix, a. a. O., 47.

⌘ Eine Projektleiterin: „Mein Arbeitsplatz erscheint mir wie neu. Mich belastet nichts mehr. Meine Projekte, die ich beantrage, werden jetzt immer genehmigt. Ich glaube, das kommt daher, weil ich jetzt viel klarer auftrete und klarer weiß, was ich will. Ich komme abends viel frischer nach Hause."

⌘ Jemand, der die Willens-Übung einfach nur testen wollte: „Es ist deprimierend zu sehen, wie stark ich manipuliert werde. Aber ich mache weiter."

Die Wachstumsprozesse auf der Coaching-Stufe lassen sich gut psychologisch beschreiben. Die MTP-Übungen leiten darüber hinaus einen spirituellen Entwicklungsprozess ein. Das Ziel ist die Integration aller Persönlichkeitsanteile um die verborgene Mitte des wahren Selbst herum. Aus spiritueller Sicht ist es schon immer mit Gott bzw. dem Grund der Wirklichkeit verbunden.

2. Heilung – Erleuchtung – illuminatio

Lebendige Religionen kennen Heilungsquellen, die materialistischen Psychologie-Konzepten verschlossen bleiben. Der Heilungsweg mit den MTP-Übungen lässt sich nicht mehr im Rahmen einer materialistischen Psychologie beschreiben, sondern nur im erweiterten Rahmen Transpersonaler Psychologie. „Heilung" und „Erleuchtung" („illuminatio") gehören zusammen.
Die MTP-Übungen erschließen Menschen ihr wahres Selbst als Heilungsquelle. Dieser höchste oder innerste Bereich[12] ist schon immer mit Gott bzw. der Quelle allen Bewusstseins verbunden. Die christlichen Mystikerinnen und Mystiker kannten diesen überbewussten Bereich aus eigener Erfahrung. Sie beschrieben ihn mit unterschiedlichen Metaphern. *Meister Eckart* (1260-1328) nannte

---

[12] Räumliche Schemata aus dem Alltag finden hier ihre Grenze.

ihn „Seelenfunke" („apex mentis") und „Spitze des Geistes". *Johannes Tauler* (1300-1361) beschrieb ihn als „Seelengrund". *Teresa von Ávila* (1515-1582) nannte ihn innerste „Seelenburg".

Der Psychoanalytiker *Sigmund Freud* entdeckte das Tier im Menschen – das *niedere Unbewusste*, das beherrscht wird durch Sexualtrieb und Aggression. Mystiker kennen darüber hinaus den Engel bzw. Gott im Menschen. Sie führen Menschen zu ihrem *hohen Unbewussten* (vgl. Kapitel 6). Es verbindet uns mit Gott bzw. dem Grund der Wirklichkeit.

Das hohe Unbewusste bleibt dem Alltagsbewusstsein meist verschlossen. Durch kleine Kinder strahlt es noch hindurch.[13] Märchen und Mythen berichten davon, in Träumen blitzt es auf, Menschen mit Nahtoderfahrungen erzählen bildreich davon. Das hohe Unbewusste, unser göttlicher Funke, ist unsere innerste Quelle. Ihr entströmen Liebe, Ruhe und Frieden. Der Psychoanalytiker und transpersonale Psychologe *Roberto Assagioli* meint, dass große Erfinder aus diesem Bereich inspiriert werden. Sie ergrübeln Problemlösungen nicht mehr, sondern finden sie vor.

Wer Durchbrüche zum wahren Selbst erlebt, erfährt auch intensive Heilung. Bisherige Identitätsvorstellungen werden als vorläufig erkannt. Menschen erleben dann, dass es höhere Quellen von Identität gibt als reflexive Konzepte, Erziehung, Kultur oder Gene.[14] Mystische Übungen erschließen Menschen diese Heilquelle.

---

[13] Vgl. Thomas Armstrong, Spiritualität des Kindes, Essen 1994.
[14] Vgl. Ken Wilber, Wege zum Selbst, München 1984.

3. Mystik – Vereinigung – unio

Wer konzentriert übt, dessen Wahrnehmung wird sich erweitern.[15] Mystik ist die Kunst unendlich verfeinerter Wahrnehmung. Sie erschließt Menschen neue Kommunikationskanäle. Unser Bewusstsein ist in der Lage, auch unmittelbar, ohne körperliche Vermittlung, mit anderem Bewusstsein zu kommunizieren.[16] Mystikerinnen und Mystiker aller Religionen und Zeiten beschreiben diese Phänomene.

Wer seine Wahrnehmung durch Übungen geschult hat, taucht in ein Kommunikationssystem ein, das Raum und Zeit überbrückt. Die Grenze zwischen Leben und Tod scheint hier aufgehoben. „Gott", andere Intelligenzen, der Weg der Verstorbenen sind kein Gegenstand von Spekulation mehr, sondern sie werden mit dem „Auge der Kontemplation" im Rahmen der meditativen Erfahrung wahrgenommen. Auf dieser Ebene erscheinen religiöse Kernthemen in unzähligen Formen kulturell verschieden beschreibbar. Jede Dogmatik muss sich der Evidenz und der Falsifikation durch Erfahrungen aus der kontemplativen Schau stellen.[17]

Menschen auf der kontemplativen Stufe lesen heilige Texte anders. Sie lesen die Texte weder fundamentalistisch, indem sie spirituelle Darstellungen als materialistische Beschreibungen wörtlich nehmen. Noch reduzieren sie Erfahrungsberichte über höhere Bewusstseinsstufen auf Banalitäten des Alltagsbewusstseins, für die man kein Wissen aus kontemplativer Schau benötigt. Die Mystikerin, der Mystiker begreift aus eigener Erfahrung, was es heißt, „Gott zum Vater zu haben", was es heißt, dass „das Reich Gottes

---

[15] Vgl. zum „Auge der Kontemplation" als eigenständiger empirischer Ebene: Ken Wilber, Naturwissenschaft und Religion, Frankfurt 1998.

[16] Vgl. Pim van Lommel, Endloses Bewusstsein. Neue medizinische Fakten zur Nahtoderfahrung, Düsseldorf 2009. Diane Hennacy Powell, Das Möbius Bewusstsein, München 2009.

[17] Vgl. Wilber, a. a. O. (Anm. 14), 215ff.

inwendig in uns ist", und sie bzw. er versteht die Logik scheinbar mirakulöser Phänomene wie Krankenheilung durch Gebet. Wer die Texte mit dem Auge der Kontemplation liest, findet in ihnen sein innerstes Wesen und weitere Dimensionen der Wirklichkeit beschrieben.

Religionen leben nicht von Begriffen und Systemen. Ihre Quelle ist die kontemplative Evidenz, sind Offenbarungen, ist das Schauen in höheren Bewusstseinsstufen. Das Christentum als im Kern mystische Religion will keine Dogmatiker hervorbringen, sondern es will zur Evolution des menschlichen Bewusstseins beitragen. Vom Zentrum her betrachtet, geht es nicht um diesen oder jenen religiösen Stil, um ein evangelisches, katholisches oder freikirchliches Leben. Es geht um das Leben selbst. Wenn eine Religion lebendig ist, führt sie mitten ins Leben. Sonst ist sie in Vorläufigkeiten stecken geblieben.

1.5 Coach: eine neue Rolle des Lehrers

Der mystische Weg mit den MTP-Übungen nimmt die religiöse Mündigkeit der Menschen im dritten Jahrtausend ernst. In der Anfangsphase hilft ein Lehrer dabei, das Trainingsprogramm auf die individuellen Bedürfnisse zuzuschneiden. Danach tritt seine Verantwortung vielleicht für Monate oder Jahre zurück. Das hängt stark von den jeweiligen Übungszielen ab – Coaching, Persönlichkeitsentwicklung oder Mystik.

Einer der Stadt-Eremiten, den Turina befragte, beschreibt seine Selbstverantwortung ähnlich wie ich sie für die Kurse sehe: „Ich glaube, dass es wichtig ist, in der Ausbildungszeit eine geistliche Begleitung zu haben, aber dann sagt uns der Herr: Lernt selbst zu unterscheiden, was ihr tun sollt und was nicht. Der Herr selbst spornt uns also an, geistlich zu reifen. Das gilt vor allem für den Eremiten: Weiter abhängig bleiben heißt, die Verantwortung anderen aufzubürden und ein Alibi zu haben. ... Während der Ausbildung braucht es einen Beichtvater oder einen geistlichen Begleiter. Aber dann hat man gelernt, geistlich zu reifen, persönlich Verantwortung zu übernehmen, sich selbst kritisch zu beurteilen, achtsam und wach zu sein. Wenn man hingeht [zum Beichtvater, zum geistlichen Begleiter], was soll man da noch erzählen?"[18] Die Rolle des äußeren Lehrers muss zugunsten der inneren Führung zurücktreten. Sonst blockiert der Lehrer den Weg zur eigenen Quelle.

Mit MTP werden Sie Ihr eigener Coach. Die drei Übungen sind so ausgewählt, dass Sie sich selbst auf die Schliche kommen. Sie lernen Ihre Gefühle, Gedanken und Willensimpulse kennen. Mit der Aufmerksamkeit bei sich lernen Sie zunehmend, auf Ihre eigene innere Stimme zu hören.

---

[18] In: Turina, a. a. O. (Anm. 2), zitiert nach Grögli. Ergänzung in Klammern von Grögli.

Erst an der Schwelle zur mystischen Phase (vgl. Kapitel 6) werden neue Informationen, Gespräche zum Verarbeiten von kontemplativen Erfahrungen und eventuell ein Mitsteuern des Lehrers auf der spirituellen Ebene nötig. Weil jeder längst mit der Quelle verbunden ist, ermutige ich ehemalige Kursteilnehmer dazu, Netzwerke zu bilden, um die Kraft des gemeinsamen Meditierens zu erleben, Erfahrungen auszutauschen und um Neulinge anzuleiten.

2 Autonom Wollen

A Kurs-Kapitel

2.A.1 Die MTP-Willens-Übung

In unserer Kultur lernen wir, dass wir autonome und freie Bürger sind. Doch wie autonom sind wir tatsächlich? Wie stark werden wir täglich manipuliert? Dies zeigt uns die Willens-Übung.

Statt Ihnen einzureden: „Sie sind frei" oder „Sie werden andauernd manipuliert", machen Sie sich lieber selbst ein Bild davon. Das geht ganz einfach:

> Denken Sie sich eine zweckfreie Handlung aus, die Sie mitten unter Menschen ausführen können. Zum Beispiel:
> „Um 14.30 Uhr will ich mir an die Nase tippen." Oder:
> „Um 12.00 Uhr will ich kurz nach rechts schauen" oder „meine rechte Fußspitze anheben".

- Wählen Sie sich eine Zeit aus, zu der Sie wach sind und zu der Sie künftig *täglich* diese Übung durchführen wollen. Rechnen Sie realistisch mit mehreren Jahren für die Entwicklung eines eigenen starken Willens.
- Die Handlung soll ausgeführt und nicht nur gedacht werden. Es geht darum, dass Sie Ihren Körper einbeziehen.
- Die Handlung soll einfach sein, damit Sie sie jederzeit und an jedem Ort ausführen können. Gegenbeispiel: Eine Blume zu gießen passt nicht in jede Situation (etwa auf eine Sitzung) und erfordert zu viel Aufwand.
- Die Übung darf keinen Zweck außerhalb ihrer selbst haben. Sie darf keine zusätzlichen Ziele verfolgen wie: die Brille putzen, sich

kämmen. Denn dadurch verbinden Sie sie mit anderen Motiven. Es geht um ein reines Willenstraining.

- Geben Sie der Versuchung nicht nach, sich das Handy zu stellen, um an die Übungszeit erinnert zu werden. Nur ihr eigener Wille darf Sie an ihr Vorhaben erinnern.

2.A.2 Nebenübung: Das Scheitern liebevoll aushalten lernen

Nehmen Sie Ihre Missgeschicke mit der Übung wahr, als wären sie ein Schmetterling, der an Ihnen vorbeiflattert. *Urteilen Sie nicht negativ darüber. Beginnen Sie auf keinen Fall innere Dialoge* wie: „Ich wusste, aus mir wird nie etwas. Nichts gelingt mir im Leben, nicht mal so eine einfache Übung!" Wenn Sie auf solche schlechten Gewohnheiten verzichten, dann erlernen Sie eine wichtige spirituelle Grundhaltung: Sie nehmen etwas einfach nur wahr – ohne darüber zu urteilen. Sprechen Sie stattdessen den Satz: „Es ist so wie es ist."

Mit jedem Missgeschick erhalten Sie eine nette Gelegenheit, um das „*Nicht-Urteilen*" zu lernen. Wenn Sie sich nicht mehr nach solch kleinen Fehlschlägen verurteilen, macht Sie das geduldiger und liebevoller bei größeren Pannen und Misserfolgen.

Anfangs ist es viel wichtiger, wahrzunehmen, wer uns alles ablenkt und uns bei unseren Vorsätzen schwächt. Wenn Sie Ihre *persönliche Liste* Ihrer Hauptablenkungen zusammenstellen, dann haben Sie bereits viel erreicht!

Üben Sie trotz aller Missgeschicke mit der Übung unverdrossen täglich weiter wie ein Kind, dessen Bauklötze beim Turmbau anfangs immer wieder einstürzen. Lernen Sie die Lernhaltung des Kindes wieder einzunehmen. Sie wird Ihr Leben verändern.

2.A.3 Varianten für den persönlichen Baukasten

Sie können sich mit einer dieser Einsteiger-Varianten an den Erfolg heranpirschen:

- **Gönnen Sie sich einen Ergebniskorridor:** Steigern Sie liebevoll Ihre Trefferquote, indem Sie 15 Minuten vor und nach Ihrem gewählten Zeitpunkt als „geschafft" mitzählen.
- **Steigern Sie die Zahl der Übungen auf jede volle Stunde**, die Sie wach sind. Gratulieren Sie sich für das eine Mal am Tag, an dem die Übung vielleicht endlich geklappt hat.
- **Koppeln Sie die Übung an Alltagsroutinen:** Wenn Ihnen die miteinander verbundenen Varianten 1 und 2 noch zu schwer fallen: Lösen Sie Ihre Willens-Übung von festen Zeiten. Koppeln Sie sie stattdessen an Alltagsroutinen. Zum Beispiel: „Immer wenn ich die Zähne putze, Kaffee trinke, durch Türen gehe, zum Handy greife oder auf Toilette gehe … mache ich meine Übung."
- Wenn auch Variante 3 noch zu entmutigend verläuft: **Verzichten Sie zunächst auf jede Kopplung an Routinen oder Zeiten.** Versuchen Sie, überhaupt möglichst oft die Willens-Übung zu machen.
- **Schummeln – durch eingeschmuggelte Gefühle:** Eine Handlung um ihrer selbst willen zu *wollen* – das ist die Reinform der Willens-Übung. Aber ehe Sie aufgeben, belohnen Sie sich lieber. Koppeln Sie die Willens-Übung in Ihren ersten Übungswochen an eine Handlung, die positive Gefühle einbezieht. Beispiel: Streicheln Sie sich den Unterarm.

⌘ Eine gelungene Einsteiger-Variante: „Ich kämpfe noch immer mit meinen Übungen. Als Fortschritt kann ich wohl verbuchen, dass ich herausgefunden habe, warum die Willens-Übung bei mir so schleppend lief. Letztlich sollte es sich ja um etwas handeln, das keinen Zweck erfüllt, sondern lediglich aus meinem Willen heraus geschieht. Sich also eine Übung auszusuchen, die einfach keinen Zweck erfüllt, außer ihrem eigenen, schien ich nicht zu wollen. Daher habe ich mir überlegt, dass meine Übung nun darin besteht, zwei bis drei Minuten durchzuatmen und meine Situation oder die Umgebung zu genießen. Das passiert zwar nicht zu festen Uhrzeiten, allerdings jeweils nach jeder Tageseinheit, also nach dem Frühstück z. B. und vor der Mittagspause."

⌘ „Anfangs habe ich zwei Mal am Tag meine Zehen bewegen wollen wie eine glückliche Katze. Irgendwie hat es bei mir nicht so richtig geklappt. Jetzt mache ich die Übung jedes Mal, wenn ich an sie denke, also mehrmals am Tag."

⌘ „Ich versuche, immer wenn ich mir zur vollen Stunde auf die Schulter tippe, kurz die Augen zu schließen und das Jesusgebet einige Male zu sprechen. Manchmal ist es mehr eine Übung, manchmal geschieht auch wirklich so etwas wie Sammlung. Das ist dann schön."

⌘ „Die Willens-Übung mache ich immer vor dem Essen, weil das bei mir eine regelmäßige Komponente ist."

Höherer Schwierigkeitsgrad:

Sie können Ihre Willens-Übung durch folgende Varianten anspruchsvoller machen:

- **Schwierige Situationen wählen:** Wählen Sie Übungszeiten, zu denen Sie mitten unter Menschen sind und in Ihren Arbeitsalltag eingespannt sind.
- Zu jeder Tageszeit **eine andere Mini-Handlung** machen: Wählen Sie unterschiedliche Mini-Handlungen für Ihre verschiedenen Tageszeiten (mittelschwer: „Zu allen geraden Stunden fasse ich mich ans rechte Ohr, zu allen ungeraden Stunden ans linke Ohr.")
- Die **Übungszeit hin und wieder verändern:** Variieren Sie monatlich, wöchentlich oder täglich Ihre Übungszeit. Legen Sie beispielsweise morgens fest: „Heute will ich es um 13.30 Uhr und um 19.30 Uhr schaffen."

Grundregel:

Sie gilt, wenn Sie kein Naturtalent sind, das auf Anhieb über mehrere Monate hin die Übung fast ohne Aussetzer beherrscht.
Hören Sie möglichst nie auf mit dieser Übung. Es ist ähnlich wie im Sport. Sie können durch eine höhere Übungsfrequenz einen stärkeren „Willens-Muskel" trainieren. Sie können durch eine Basisrate an Übungen die gute Form, die Sie erreicht haben, erhalten. Wenn Sie aufhören zu üben, sinken Sie früher oder später zu ihrer untrainierten Form zurück.

B   Erläuterungen

2.B.1   Was bringt mir diese Übung?

- Die Übung bringt Pflichten und Eigenwille in eine gesunde Balance.
- Sie entwickeln Selbstwert und Selbstbewusstsein, weil Sie zunehmend erreichen, was Sie sich vornehmen.
- Die Übung ist der Motor für Ihren spirituellen Weg. Wer einen spirituellen Weg gehen will, braucht einen starken Willen. Sonst gibt er bei kleinen Hindernissen und Fehlschlägen auf. Es gibt keine spirituelle Transformation, abgesehen von Widerfahrnissen wie Nahtoderfahrungen, ohne tägliches Üben.

  Emotionale Menschen sind zwar rasch entflammt, werden aber ebenso rasch von anderen Dingen abgelenkt. Denken Sie etwa an die guten Vorsätze zu Neujahr. Intellektuelle belassen es häufig bei richtigen Gedanken und überlassen das Handeln anderen. Wegen ihres untrainierten Willens kommen beide auf Übungswegen kaum voran, denn hier geht es um tägliche *Handlungen*.
- Sie erkennen Ihre Lebensziele: Durch die Willens-Übung und die weiter unten beschriebene Sterbe-Übung werden Ihnen Ihre eigenen Ziele und schließlich auch Lebensziele bewusst. Ihnen wird klar, was Sie getan haben müssen, um in Frieden sterben zu können.

⌘ „Ich habe die Willens-Übung zu einer Zeit angefangen, in der ich wirklich nicht wusste, was ich wollte. Im Nachhinein glaube ich auch, dass es mir deshalb so schwer gefallen ist die Übung durchzuziehen. Ich hätte es gerne gut hinbekommen, weil ich gehofft habe, dadurch auf das zu kommen, was ich wirklich will. Letztendlich musste ich irgendwann damit aufhören, weil ich es zu schwer fand und es mir nichts brachte als schlechte Laune. Ein paar Tage nachdem ich aufgehört hatte, wusste ich auf einmal was ich wollte. Dabei geht es hauptsächlich um mein Auftreten und meinen Berufswunsch."

⌘ Wer sich von Fehlschlägen nicht beirren lässt, entdeckt, worum es geht:

- „Ich muss den ganzen Tag bei mir sein."
- „Ich achte stärker darauf, wo ich bleibe. Dadurch werde ich auch effektiver."
- „Ich bin sehr vielen Antreibern auf die Spur gekommen."
- „Ich bekomme Abstand. Ich fühle mich freier."
- „Diese Übung ist wie ein Türöffner. Ich muss mein Verhalten überprüfen: Was treibe ich da?"
- „Beruflich bin ich viel für andere da. Das hier tue ich absolut nur für mich."
- „Ich hab ein Rendezvous mit mir selbst, weil ich in dieser Sekunde nur für *mich* da bin."
- „Ich habe eine neue Welt in meine Welt geholt. Die Willens-Übung ist mein Geheimnis und meine ganz eigene Freude."
- „Mir wird bewusst, dass ich noch eigene Wünsche habe."
- „Ich spüre mich für einen Moment, weil ich mich dabei bewusst berühre."
- „Ich bemerke, wo ich mich selbst vernachlässige. Ich kümmere mich um tausend Dinge, aber viel zu wenig um mich selbst."

⌘ „Um 16 Uhr mache ich meine Kurzübung (Hände zusammenlegen). Es ist erstaunlich, wie man sich an einen bestimmten Moment am Tag gewöhnen kann. Auch wenn ich mal keine Uhr trage und nicht immer prüfen kann, ob es schon so weit ist, finde ich im Nachhinein immer heraus, dass ich zur richtigen Zeit meine Kurzübung gemacht habe. Dieser Zeitpunkt am Tag lässt mich bewusst werden, wo ich bin und was ich mache. Es ist wie ein Aufblicken von meiner Tätigkeit. Zudem hat sich dieses Klarwerden von dem Moment um 16 Uhr schon weiter über den ganzen Tag ausgebreitet. Ich fühle mich insgesamt bewusster in dem, was ich tue."

⌘ Führen Sie gedanklich oder auf dem Papier eine **Liste** mit den Situationen, in denen Ihnen die Übung besonders schwerfällt. Diese Liste zeigt Ihnen, wo Sie zu weit aus sich herausgehen und in Gefahr sind, aus Ihrer Balance zu kippen:

- „Katastrophe! Wer bringt mich raus? Ich!"
- „Auf Arbeit ist es besonders schwer."
- „Bei mir klappt die Übung auf der Arbeit, aber nicht daheim."
- „Ich habe drei Zeiten. Davon klappen zwei meist gut, die dritte eher selten. Ich versuche herauszufinden, warum das so ist. Es ist immer dieselbe Zeit, die nicht klappt."

Die Willens-Übung hilft besonders Menschen, die schon als Kinder viel für andere sorgen mussten: die auf kleine Geschwister aufpassten, Eltern bei ihren Problemen unterstützten und eigene Bedürfnisse zurückstellten. Selten oder nie wurden sie gefragt: „Was möchtest *Du*?" Diese Menschen sind sehr sensibel für die Bedürfnisse der anderen geworden, und sie nehmen berufliche Pflichten sehr ernst. Doch ihre eigenen Bedürfnisse bleiben ihnen unklar.

Dadurch entsteht ein starkes Ungleichgewicht. Sie selbst scheinen keine Aufmerksamkeit wert zu sein. Einseitige Liebe, ohne Rückbindung an eigene Quellen, macht unglücklich, neidisch und führt ins Burnout. Auch das Christentum geht von einer Balance aus: „Liebe deinen Nächsten *wie* dich selbst." Liebe klammert niemanden aus – auch nicht Sie.

Pflichten sind oft mit Sanktionen verbunden: Man bekommt Ärger, wenn man sie nicht erfüllt. Zur Pflichterfüllung treiben uns Gefühle an wie Angst und Unlust vor Ärger. Die Willens-Übung zeigt Ihnen, inwieweit Sie etwas schaffen, das nur Sie selbst wollen, unabhängig von Lob und Tadel der anderen. Mit Hilfe der täglichen Übung stärken Sie Ihren eigenen Willen.

2.B.2 Radikale Variante: Visualisieren des eigenen Todeszeitpunktes

Die Sterbe-Übung radikalisiert die Willens-Übung. Ich nehme sie nicht in das regelmäßige Kursprogramm auf, weil jeder selbst entscheiden muss, ob er sich ihr stellt. Auch diese Übung hilft Ihnen dabei, sich stärker auf Ihre eigenen Lebensziele zu konzentrieren. Religionen behaupten, dass die Konfrontation mit dem Tod weise macht. „Lehre uns bedenken, dass wir sterben müssen, damit wir klug werden", heißt es im jüdischen und zugleich christlichen Psalm 90,12. Auch der tibetische Buddhismus arbeitet mit der Meditation des Todeszeitpunktes. Der Dalai Lama lehrt: „Wenn es ans Sterben geht, muss jeder von uns … alle Masken fallen lassen … Was habe ich jetzt, angesichts des Todes, an echter Zuversicht? Wie viel Erfüllung habe ich gefunden? Wenn uns da nichts einfällt, sind wir ziemlich dumm gewesen"[1]. Der bewusst gemachte Tod macht jeden Tag kostbar: „Wenn du … deine Tage und Nächte in Verwirrung und Zerstreuung zubringst, verschleuderst du die Freiheit … Jetzt ist die Zeit, in der zu tun ist, was auf lange Sicht trägt." Benediktinische Mönche und Nonnen meditieren jeden Abend in den Gesängen zum Tagesschluss ihre eigene Lebensgrenze.

Wer sich seine Lebensgrenze bewusst vor Augen hält, wird nicht depressiv, sondern er erwacht zu seinem eigenen Leben. Der Tod ängstigt vor allem dann, wenn man vorher nicht gelebt hat. Der

---

[1] Dalai Lama, Harmonischer Geist, vollkommenes Bewusstsein, München 2007, dieses und das folgende Zitat: 221.

bewusst betrachtete Tod kann ängstliche Menschen sogar mutig machen. Statt mit tausend Ängsten haben sie es nur noch mit einer zu tun: mit der Angst, vor dem Sterben nicht gelebt zu haben. Der Tod mahnt wie ein Freund: „Verschwende Dein Leben nicht." Und scheinbare Kleinigkeiten macht er kostbar.

In einer heutigen Fassung kann die Übung so aussehen: Stellen Sie sich als einen inneren Film vor: Sie gehen zum Arzt und er sagt Ihnen: „Sie haben nur noch zwei Monate zu leben." Nach einem Schock und Aufbäumen dagegen werden Sie um den Gedanken kreisen: „Ich brauche noch Zeit! Jetzt noch nicht!" An diesem Punkt konzentrieren Sie sich bitte auf die Frage: „*Wofür* brauche ich noch Zeit? Was muss ich alles erledigen, damit ich in Frieden sterben kann? Damit ich das Gefühl habe: Ich habe gelebt und kann jetzt in Frieden gehen?"

Die Sterbeforscherin *Elisabeth Kübler-Ross* hat auf das Thema des „Unerledigten" hingewiesen. Sie war überzeugt: Es gibt für jede/n etwas, das sie oder er erledigen muss, um gut sterben zu können. „Unerledigte Geschäfte" erschweren den Sterbeprozess. Kübler-Ross hatte hierbei vor allem Ängste und Lebensprobleme im Blick. Wer sein Sterben meditiert, erreicht mehr: Er wird nicht nur das Unerledigte entdecken, sondern auch Klarheit in seine Lebenslinie bringen.

Jeder Mensch hat seine Lebensaufgaben. Wenn er ihnen nicht nachgeht, fehlt den anderen etwas. Es geht nicht darum, sich aufzugeben, sondern sich selbst treu zu werden. Mit einer Selbstlosigkeit ohne Orientierung wie „Ich will, was Du willst." und „Ich will Pflichten treu erfüllen und vermeide Ärger." können Sie rasch falschen Zielen dienen.

Auch ohne diese Übung können Sie sich öfter fragen: „Worüber werde ich mich auf meinem Sterbebett mehr ärgern – dass ich nicht genug Überstunden im Büro gemacht habe oder dass ich überreizt und grob mit anderen umgegangen bin?" „Wenn ich nur noch zwei Monate zu leben hätte: Würde ich viel fernsehen? Würde ich shoppen? Würde ich mich weiterhin über Kleinigkeiten aufregen?" Betrachten Sie ihr Leben öfter vom Zielpunkt aus. Dies ist auch ein gutes Mittel, um Prioritäten herauszufinden. Dann geht es weniger um Lob und Tadel. Es geht dann allein um ihr Abenteuer des authentischen Lebens.

2.B.3 Der Kampf gegen die innere Monster-Armee

Das Schwierige an der Willens-Übung ist nicht die Übung selbst und auch nicht das Scheitern. Das Schwierige ist das, was dem Scheitern folgt. Denn dann bricht bei fast jedem eine innere Höllenarmee los. Ich nenne sie die „Monster-Armee". Sie prügelt nach Fehlschlägen auf Sie ein mit Sätzen wie: „Schäm dich!" „Aus Dir wird nie was!"

Diese Quälgeister haben wir im Laufe des Lebens von anderen übernommen. Unbewusst machen Sie uns das Leben zur Hölle. Das Schwere und zugleich Heilsame an der Willens-Übung ist: Sie hebt Ihnen die Monster lautstark ins Bewusstsein.
Das Gemeinste, was Sie sich antun können, ist: dass Sie diese Sätze ernst nehmen und auf die Monster hören.
Das Beste, was Sie mit diesen Sätzen tun können: Hören Sie sie. Aber hören Sie nicht *auf* sie! Hören Sie auf, diesen Unsinn zu glauben!
Die Sätze stammen von Menschen, die selbst gestresst waren und Sie nicht angemessen fördern konnten. Zu jedem Lernprozess gehören Geduld und Toleranz für Fehlversuche. Geduld ist eine Gestalt der Liebe. Die lieblosen Zeiten, die keine Fehlschläge erlaubten, sind jetzt vorbei. Beschließen Sie das bewusst! Ab jetzt

fördern Sie sich durch eine liebevolle und humorvolle Grundhaltung. Nur durch Wiederholung üben Sie eine liebevolle Einstellung sich selbst gegenüber ein.

⌘ „Die Willens-Übung habe ich zu Anfang immer vergessen. Zuerst habe ich mich darüber geärgert, dann hat es mich amüsiert und dann begann es zu gelingen. Es wird immer besser. Ich werde darin mir selbst gegenüber immer zuverlässiger. Und ich merke, dass ich buchstäblich zu mir komme. Mich überrascht, welche Freude mir der Prozess bereitet."

⌘ „Es ist immer noch wie zu Beginn des Übens: Entweder klappt es fast auf die Minute mit bis zu 10 Minuten Differenz – oder gar nicht. Meist gar nicht, wenn ich irgendwo unterwegs bin. Zuhause funktioniert es sehr oft.

Viel wichtiger und auffallender finde ich allerdings die Veränderung im Umgang mit mir selbst. Anfangs war ich stocksauer auf mich. Wie oft komme ich gerade dann zur Waschmaschine, wenn sie mit einem ‚klick' das Ende des Programms anzeigt. Und das, ohne mir einen Wecker gestellt zu haben. Und bei dieser Willens-Übung versagte ich anfangs häufig! Ich versagte! Inzwischen gehe ich längst liebevoll mit mir um. Ich ‚versage' nicht, ich nehme es mit Humor. Ich lächele mich quasi verständnisvoll selbst an.

Endlich habe ich ein Stück Perfektionismus abgeschüttelt und staune, dass ich auch auf diese Weise leben kann – sogar ganz gut. Manchmal kann ich diese Gelassenheit schon auf andere Bereiche übertragen. Manchmal! Aber immer öfter!"

2.B.4   Ausbalancierte Pflichten

„Ich habe schon so viele Pflichten!", protestieren vor allem pflichtbe-
wusste Menschen bei der Willens-Übung. In Seminaren brandet ein
starker Widerwille vor allem gegen diese Übung auf. Im Gespräch
wird rasch deutlich: Die Protestierer verstehen die Willens-Übung
als eine weitere *Pflicht*. Sie sind bereits so mit Pflichten eingedeckt,
dass jede weitere Pflicht das Fass zum Überlaufen bringt.
Doch aus dieser Überlastung und Burnout-Gefahr hilft genau die
Willens-Übung heraus. Denn sie ist keine weitere Dressurleis-
tung oder Last, sondern sie schult Ihre Aufmerksamkeit für sich
selbst. Sie wird Ihr Pflichtbewusstsein zunehmend infragestellen.
Der Wider-Wille richtet sich dann gegen die eigentliche Ursache:
die zu vielen Pflichten, die die Vitalität ersticken und die Lebenslinie verstellen.
Damit die Willens-Übung von Ihnen nicht als weitere Pflicht erlebt
wird, sollten Sie mit ihrem persönlichen Level beginnen und diesen
erst langsam anheben.

⌘ „Besonders berührt hat mich die Frage im Kurs, welches meine
Aufgabe in diesem Leben ist. Ich habe seit langem so ein Gefühl:
Da kommt noch irgendwas. Ich habe ein deutliches Gefühl, dass
da noch eine Aufgabe auf mich wartet, ohne dass ich es an etwas
festmachen kann.
Das Gefühl ist zwar deutlich, aber inhaltlich vage. Auf keinen Fall
möchte ich mich fest niederlassen in dem, was ich jetzt gerade mache. Ich bin auf einem Weg und es ist mein Weg. Ich gehe davon
aus, dass es sich zur richtigen Zeit klären wird. Vielleicht bekomme
ich Eingebungen oder so etwas."

2.B.5 Mehr Selbstwert durch die Willens-Übung

Wer seine Lebenslinie nicht kennt und einen schwachen Willen hat, den steuern andere. Sie können einen dann für ihre Ziele einspannen. Auch wenn man sich vornimmt, sich zu schützen, scheitern gute Vorsätze immer wieder an einem zu schwach entwickelten Willen. Das kann das Selbstwertgefühl ruinieren. Ratgeber-Bücher wie „Lerne Nein sagen!" vermitteln dem Kopf gute Gedanken. Doch die Schwachstelle ist der Wille. Selbst wenn Sie nur auf ganz niedrigem Übungs-Niveau anfangen, kann sich dadurch bei Ihnen eine Lebenswende – ein „turning point" – anbahnen.

⌘ „Sie haben mir einmal, als ich Sie um Rat bat für einen Freund, der im Gefängnis sitzt und keinen eigenen Willen hat, eine einfache aber wunderbare Übung zur Verfügung gestellt. Diese Übung habe ich mit N., so heißt der Freund, im Gefängnis bei meinen Besuchen einüben können. Diese war jetzt so erfolgreich, dass, obwohl er anfangs nicht einmal am Tag das Vorgenommene schaffte, er es inzwischen zehn Mal schafft. Sein Selbstwertgefühl hat sich dadurch aufgebaut, und nun zieht er ab Februar, wenn er entlassen wird, zu mir."

3 Autonom Fühlen

A Kurs-Kapitel

3.A.1 Die MTP-Gefühls-Übung

Eine Szene finden:
Rufen Sie sich eine Szene aus Ihrer Biographie, der Natur oder eine religiöse Szene wach, in der Sie das Gefühl von Liebe, Frieden oder Ruhe intensiv spürten.

Hineingehen in die Szene:
Begeben Sie sich in diese Szene mit allen fünf Sinnen hinein. Lassen Sie das Gefühl in Ihren Körper einströmen.

⌘ Beispiel für eine Szene voller Frieden: „Ich bin im Garten meiner Oma, wo ich alles machen durfte. Niemand kontrolliert mich. Ich bin frei. Hier ist Frieden."

⌘ Beispiel für eine Szene, die Ruhe vermittelt: „Ich bin in der Wüste Sinai. Ich habe mich abseits von den Nomaden hingesetzt und meditiere. Alles ist hier in Ordnung. Ich bin nur ich selbst. Ich bin mit mir im Einklang. Ich spüre absolute Ruhe."

In der Szene bleiben:
Versuchen Sie anfangs, in diesem Zustand zwei bis fünf Minuten zu verweilen. Wenn Sie durch Geräusche oder Gedanken abgelenkt weden, grübeln Sie nicht darüber. Kehren Sie in Ihre Szene zurück und spüren Sie wieder dieses Gefühl.

Die Szene in den Alltag nehmen:

Gehen Sie wiederholt im Alltag in diese Szene. Hüllen Sie sich schützend in Ihr Gefühl ein. Sie werden dadurch autonom von den Launen anderer.

Meditieren für andere:

Nehmen Sie Ihre Freunde sowie Menschen(-gruppen), die Ihre Unterstützung brauchen, mit in dieses Gefühl hinein, indem sie es ihnen „senden".

Sich und andere heilen:

Senden Sie dieses Gefühl Menschen, von denen Sie schwer verletzt wurden und die Ihnen das Leben schwer machen. Sie lösen dadurch zerstörerische Bindungen auf und schützen sich künftig vor diesen Menschen, denn sie verlassen deren Wellenlänge.

3.A.2 Kriterien für Fortschritte mit der Übung

Dauer: Sie steigern die Verweildauer durch mehr Übungsintervalle, bis Sie den ganzen Tag über in Ihrer positiven Grundstimmung leben.

Stärke: Das Gefühl kann so stark werden, dass Sie mit seiner Hilfe Ihren Körper direkt entspannen können.

Klarheit: Sie können verschiedene Gefühle jeweils klar in sich erzeugen.

Unabhängig vom Bild werden: Statt eines Bildes reicht ein Wort (z. B. „Liebe", „Ruhe", „Frieden") als Auslöser für das starke, klare Gefühl.

Krisenfest: Sie können das Gefühl in kritischen Situationen in sich erzeugen.

Meditieren für andere: Sie tragen andere mit dem von Ihnen erzeugten Gefühl und steuern in Ihrem Arbeitsbereich das Gruppenklima gezielt mit.

Feindesliebe: Sie nehmen Ihren Feinden die Macht, indem Sie deren Hassfrequenzen durch positive Gefühle auflösen.

3.A.3 Warum ist es sinnvoll, mit inneren Bildern zu arbeiten?

Prof. Dr. Wolf Singer vom Frankfurter Max-Planck-Institut für Hirnforschung begründet den Sinn der inneren Arbeit mit Bildern wie folgt: „Wie kernspintomographische Untersuchungen zeigen, ähneln diese Muster [wenn man sich ein Objekt bildlich vorstellt] bis ins Detail jenen, die man findet, wenn die Probanden dasselbe Objekt mit offenen Augen betrachten."[1]

Prof. Dr. Herbert Benson argumentiert ähnlich wie Singer: „Die Szenen, an die wir uns erinnern oder die wir uns vorstellen, sind für das Gehirn real."[2] Für unser Gehirn ist es gleichgültig, ob wir einen Gegenstand oder ein Ereignis *real vor uns sehen*, oder ob wir den Gegenstand als *inneres Bild betrachten*. Unser Gehirn unterscheidet nicht zwischen äußerer und innerer Wirklichkeit, wenn die Bilder der inneren Wirklichkeit klar und stark genug sind.

Das Gehirn reagiert auf äußere und innere Bilder gleich. Innere Bilder werden körperlich real, indem das Gehirn aufgrund dieser Bilder körperliche Prozesse auslöst. „Wenn Sie träumen, dass Sie verfolgt werden, beschleunigt sich Ihr Puls genauso, als würden Sie tatsächlich verfolgt. Für Ihr Gehirn, und damit auch für Ihr Herz, ist die Verfolgung real."[3]

Dies bedeutet für unseren Umgang mit Bildern:

- Spiritualität kann heilen, indem sie uns von krankmachenden Gedanken befreit und uns auf Bilder konzentriert, die heilende Gefühle in uns kultivieren.

- Vertiefen Sie sich nur in die Bilder, die Ihre Lebensziele wiedergeben.

---

[1] Wolf Singer/Matthieu Ricard, Hirnforschung und Meditation, Frankfurt 2008, 71. Ergänzung in Klammern SB.

[2] Herbert Benson, Heilung durch Glauben, München 1997, 96.

[3] Benson, a. a. O., 73.

- Das Fernseh-Programm kann, je nach Qualität, krank machen.
- Therapie-Ansätze können seelische Krankheiten verstärken, wenn krankmachende Szenen wiederholt betrachtet werden.
- Wer seine Gedanken und inneren Bilder nicht ordnet, kann sein Leben nicht steuern.
- Nehmen Sie zunehmend wahr, was Ihre Konzentration im Alltag fesselt und dadurch Ihr Gehirn formt.

Helen Neville, Ph. D., Neurowissenschaftlerin und Leiterin des Brain Development Laboratory an der Universität Oregon, ist überzeugt: „In vielerlei Hinsicht ist die Aufmerksamkeit der Schlüssel zur Formbarkeit des Gehirns."[4]

Sie entscheiden durch die Richtung Ihrer Konzentration, von welchen Eindrücken Sie Ihr Hirn modellieren lassen.

---

[4]   In: Sharon Begley, Neue Gedanken, neues Gehirn, München 2007, 285.

3.A.4 Hinweis zur spirituellen Begleitung von Menschen in Krisen

Die Gefühls-Übung befähigt Menschen zur selbständigen Krisen-bewältigung. Menschen in Krisen erleben durch diese Übung, dass sie einem Angstzustand oder einer aufsteigenden Depression nicht länger ausgeliefert sind. Vermitteln Sie Menschen, die ihren Gefühlen krisenhaft ausgeliefert sind, neben der Gefühls-Übung diesen spirituellen Grundsatz:

„Worauf Du Dich konzentrierst, das wird stärker werden und Dich schließlich beherrschen!
Sobald Du ein vernichtendes Gefühl spürst, *konzentriere Dich auf ein positives Gefühl* – am besten auf Liebe, Frieden oder Ruhe."

Dies ist eine Basistechnik der christlichen Wüsten-Einsiedler ab dem 4. Jahrhundert, um Krisen zu meistern, so beim Mönch Evagrius Ponticus[5] (345-399 n. Chr.).
Ebenso zielt das christliche Übungsprogramm des Ignatius von Loyola (1491-1556) in seinen „Geistlichen Übungen" von 1541 auf ein zunehmendes Verweilen in heilsamen Gefühlen wie Liebe, Ruhe, Frieden, Freude (vgl. hier Seite: 57-58).

---

[5] Evagrius Ponticus, Die große Widerrede. Antirrheticus, übersetzt von Leo Trunk, Münsterschwarzach 2010 (Quellen der Spiritualität, Band 1).

B   Erläuterungen

3.B.1   Szenen für Ruhe, Liebe, Frieden einüben

Mit einem einzigen Gefühl anfangen! Für das Steuernlernen der Gefühle reicht lange Zeit eine einzige Szene. Es macht nichts, wenn die Szene am Anfang unruhig bleibt, wenn sich mehrere Gefühle vermischen oder wenn Sie mitten beim Üben neue Szenen ausprobieren. Wichtig ist nur, dass Sie ein Gefühl in Richtung Liebe, Frieden oder Ruhe erzeugen und kurz festhalten können.

Andere Gefühle einüben: Erst wenn Sie ein Gefühl lange Zeit festhalten können und intensiv spüren, sollten Sie ein weiteres Gefühl einüben. Motto: Lieber *ein* starkes Gefühl, mit dem Sie Ihren Alltag wirklich steuern können, als fünf verschiedene Gefühle, die flach bleiben.

Szenenauswahl: Ruhige Szenen eignen sich besser als stark bewegte, da Sie sich in ihnen leichter sammeln können. Es gibt natürlich auch bewegte Szenen, die starke Ruhe ausstrahlen können wie ein Spaziergang am Strand.

Wenn Sie eine Tätigkeit oder ein Hobby haben, bei dessen Ausübung Sie intensiv Ruhe, Geborgenheit oder Frieden erleben, dann eignet es sich trotz aller Bewegung zur Meditation. Konzentrieren Sie sich hierbei jedoch stärker auf das Gefühl bei der Tätigkeit als auf die Tätigkeit selbst.

Sie können zwischen Glücksmomenten mit Menschen, religiösen Erfahrungen, Orten ihrer Kindheit, Naturerlebnissen oder Tätigkeiten voller Ruhe, Liebe oder Frieden wählen.

a) *Erfahrungen des Heiligen:* Ursprünglich meditierten die christlichen Mönche und Nonnen biblische Szenen. Heilige Bilder zeigen uns den Zielzustand. Von diesem „Bild"ungsverständnis leitete Meister Eckart den Bildungsbegriff ab. Wahre Bildung führt uns unserem Zielzustand näher. Sie heilt, befreit und stärkt uns.

⌘ Beispiele:

- „Ich nehme die Erfahrung der Eucharistie: Jesus Christus ist in meiner Mitte. Er strahlt mit seiner Liebe aus mir heraus."
- „Jesus: Er breitet seine Arme aus und spricht: Kommt her zu mir."
- „Die letzte Nacht auf dem Jakobsweg. Ich wachte auf und fühlte mich total geborgen."
- „In mir brennt ein Licht, das niemand auslöschen kann. Es strahlt Liebe und Wärme aus."
- „Nach der Geburt meiner Tochter: Ich schaue in ihren allwissenden Blick. Darin ist eine unendliche spirituelle Tiefe."
- „Eine Busfahrt über eine Brücke. Ich war 18 Jahre alt. Überall war Licht, und ich wusste: ‚Alles ist gut.'"
- „Meine Zeit im Kloster."
- „Eine Marien-Statue."
- „Eine Buddha-Statue in einem Tempel."
- „Das starke Gefühl, das ich in der Meditationsgruppe habe."

b) Naturszenen: Viele Menschen spüren Ruhe, Liebe oder Frieden am stärksten in der Natur. Hierfür können Sie auf Urlaubserinnerungen zurückgreifen oder gedanklich an Lieblingsorte ihrer Kindheit zurückgehen. Naturerinnerungen kippen emotional nicht so rasch. Dies ist vor allem für Personen wichtig, die traumatische Erfahrungen mit Menschen gemacht haben.

Gehen Sie in die erinnerte Szene hinein, als sei keine Zeit verflossen. Spüren Sie den Wind und die Sonne, riechen Sie die Luft, betasten Sie Steine. Letztlich geht es aber nicht um diese Details. Einzelheiten dienen nur dazu, dass Sie intensiv in das damalige Gefühl von Frieden, Liebe oder Ruhe eintauchen können. Lassen Sie das Gefühl in Ihren Körper strömen wie eine Flüssigkeit.

⌘ Beispiele:

- „Im Urlaub auf Zypern: Ich sitze auf einer Bank am Meer."
- „Ich liege im Liegestuhl im Garten."
- „Ich sehe, wie ich als Kind über eine Wiese gelaufen bin."
- „Ich sitze auf dem Kirschbaum und schaue in die Welt."
- „Ein Sommer am Getreidefeld. Ich erlebe die Wärme."

c) Glücksmomente mit Menschen:

⌘ Beispiele:

- „Ein Sommerabend mit der Familie."
- „Ich angele mit meinen Kindern an unserem Lieblingsort."
- „Der Morgen nach der Geburt meiner ersten Tochter."
- „Als ich als Kind auf dem Schoß des Vaters saß: Er singt."
- „Meine Kindheit auf dem Gut."
- „In der Dachkammer meines Opas."
- „Ich singe mit anderen am Lagerfeuer."

Für all diese Übungen gilt: Das Bild ist nur das Tor zum Gefühl: Entscheiden Sie ganz frei, was für Sie das Tor zu einem intensiven Gefühl von Ruhe, Liebe oder Frieden werden kann. Das Bild ist nur das Tor hinein.

d) Anonyme Gottes-Erfahrungen: Aus mystischer Sicht ist jede Erfahrung von Ruhe, Liebe oder Frieden eine Gotteserfahrung und eine Erfahrung unseres wahren Wesens.

⌘ „Die Gefühls-Übung fällt mir noch sehr schwer. Ich versuche aber, mich auf eine Landschaft in Spanien zu konzentrieren, in der ich gewandert bin, und verbinde dies mit der Liebe Gottes zu uns. Das ist schwer zu erklären, hat aber vielleicht etwas mit dem Innewohnen Gottes in der Natur zu tun."

⌘ „Die Gefühls-Übung ist nach wie vor meine Lieblingsübung. Sie ist so beglückend und befreiend. Jedes Mal breitet sich ein Wärmegefühl im ganzen Körper aus, wie ein wohltuender Strom. Ich sitze auf einer Terrasse meines Lieblingscafés, das im Wald auf einer Lichtung liegt. Man kommt nur auf Wanderwegen dorthin. Ich betrachte das Blatt einer Pflanze, das vor mir im Wind leicht hin und her schwingt, sehe, wie die Sonne die kleinen Adern des Blattes durchleuchtet und plötzlich wird mir bewusst, dass wir alle von einer Energie – Gottes Liebeskraft – durchströmt werden. Es gibt keine Trennung. Wir sind miteinander verbunden. Diese Erkenntnis war überwältigend, mit dem Herzen gefühlt und deshalb so tief."

Sie können ihre Gefühls-Übung daheim mit kleinen Ritualen verbinden.

⌘ „Ich benutze immer noch und ausschließlich die Ruheübung. Ich beobachte meine Atmung, die immer zu flach ist. Ich atme bewusst tiefer bis ich gähne. Darauf folgt automatisch ein sehr tiefer Seufzer, bei dem sich dann Verspannungen im Kiefergelenk und Gesicht lösen. Ich lächle dann vermutlich. Diese Vorbereitung gehört inzwischen automatisch mit zur Übung.

Den Ort, den ich gedanklich mit Ruhe verknüpfe, habe ich vor 15 Jahren für eine Stunde erlebt. Ich war fasziniert von der Höhe, der Kargheit, der Wärme und Stille, dem weiten Blick hinaus in eine ebenso karge Landschaft. Nach einer Weile war unsere Familie allein an diesem Ort und wir haben ihn alle als außergewöhnlich erlebt.

Nun fahre ich bei der Ruheübung in Gedanken die gerade Straße zu dem Aussichtspunkt. Mal ist die Strecke kürzer, mal länger, ja nachdem, wie lange ich brauche, um das Gefühl angenehmer Ruhe zu erreichen und dann an dem Ort zu vertiefen.

Dieses Gefühl von Ruhe beinhaltet mehr als Ruhe. Mal tendiert es mehr zu Ruhe und Liebe, mal zu Frieden, Zuversicht, Dankbarkeit, je nach Bedarf."

3.B.2 Öffnende Gefühle und Barriere-Gefühle

Die mystische Erfahrung der Unio (der Vereinigung, vgl. Kapitel 6.B.7) setzt voraus, dass wir von Barrieregefühlen frei geworden sind.[6] Barrieregefühle sind Gefühle wie Hass, Angst, Wut, Neid, Lähmung und Zweifel. Sie isolieren uns. Auf dem Weg zur eigenen Heilung und zu mystischen Erfahrungen kultivieren wir öffnende und verbindende Gefühle. Um diesen Weg gezielter einzuschlagen, gibt es im Christentum eine lange Tradition der „Unterscheidung der Geister".[7] Eine praktische Zusammenfassung gibt uns Ignatius von Loyola. Er geht davon aus, dass hinter jedem Gefühl eine mentale Macht steht. Man muss jedoch kein Mystiker sein oder sich Sorgen über diese Mächte machen. Es reicht, die eigenen Gefühle zunehmend klar zu beobachten.

Ignatius teilt die Gefühle in zwei Gruppen ein: 1) „Trostlosigkeit" (spanisch: „desocalción") und 2) „Trost" (spanisch: „consolación"). In Bezug auf die Beziehungsqualitäten können wir von 1) Barrieregefühlen und 2) öffnenden, verbindenden Gefühlen sprechen.

Barrieregefühle entfremden uns voneinander und von uns selbst. Sie schneiden uns von unserer Wesensmitte und von Gott ab. Durch sie fühlt sich unser Leben leblos an und Gott wirkt dann unendlich fern oder wie nicht-existent.

Öffnende Gefühle fördern unsere Persönlichkeitsentwicklung, denn sie führen uns in Lernprozesse mit anderen Menschen und in unsere Wesensmitte. Weil unser wahres Selbst bereits mit Gott verbunden ist, spüren wir zunehmend Gottes Gegenwart in allen Dingen.

---

[6] Vgl. Renaud van Quekelberghe, Grundzüge der spirituellen Psychotherapie, Eschborn bei Frankfurt 2007, 94ff: „Spirituelle Einheitserfahrungen".

[7] Martin Grandinger/Marianne Schlosser, Die Gabe der Unterscheidung. Texte aus zwei Jahrtausenden, Würzburg 2008.

Zunehmend in heilsamen Gefühlen verweilen[8]

Tabelle 1: Die „Unterscheidung der Geister" nach Ignatius von Loyola, 1491-1556

„Trostlosigkeit" Gefühle, die aus der Mitte fortführen	„Trost" Gefühle, die in die Mitte führen
Hoffnungslosigkeit, Aggression, Isolation von Mensch und Gott	Zunehmende Hoffnung, Vertrauen, Liebe
Allgemeine Traurigkeit	Trost finden, lösende Tränen
„Dunkelheit der Seele"	Freude
„Verwirrung"	Klärung
Sich auf Hindernisse konzentrieren	Hindernisse abräumen und Erleichterung finden
Sich gelähmt fühlen („träge", „lau")	In Bewegung kommen
Sich kraftlos fühlen	Neue Kraft spüren
Ruhelos sein	Zur Ruhe kommen
Mutlos sein	Ermutigt sein
Negative Gedanken kultivieren	Nur guten Eingebungen Aufmerksamkeit schenken
In diesen Phasen NIEMALS Entschlüsse fassen und umsetzen! NICHTS im Leben verändern! Nichts im spirituellen Leben verändern! Wie gewohnt weiter üben!	**In diesen Phasen Entschlüsse fassen und umsetzen!**

---

[8] Ignatius von Loyola, Geistliche Übungen, hg. v. Peter Knauer, Würzburg [4]2006. (Als Anleitungstext schlecht lesbar, aber als Quelle wichtig.) Zum theologischen Hintergrund: Hans Zollner, Trost – Zunahme an Hoffnung, Glaube und Liebe. Zum theologischen Ferment der ignatianischen „Unterscheidung der Geister", Innsbruck/Wien 2004 (IThS 68).

Tipps für wichtige Lebensentscheidungen

Ignatius war ein Mystiker und zugleich ein praktisch denkender Organisator. Mit Hilfe der Unterscheidung von „Trost" (verbindenden Gefühlen) und „Trostlosigkeit" (Barrieregefühlen) können Sie den besten und den schlechtesten Zeitpunkt für wichtige Lebensentscheidungen ermitteln.

Ignatius riet davon ab, in einem Zustand von Barrieregefühlen weitreichende Entscheidungen zu fällen. Verändern Sie aus einem Gefühl von Hass, Trauer oder Ruhelosigkeit heraus nichts in Ihrem Leben. Denn nach Ignatius sind Sie unter der Vorherrschaft dieser Gefühle „nicht ganz bei Trost". Sie sehen die Realität verzerrt.

Was können Sie stattdessen tun? Denn unerträgliche Gefühle rufen nach Veränderung. Ignatius rät: Statt aus diesem Druck heraus in Aktivitäten zu fliehen (*Willens*-Ebene), sollten Sie zunächst an Ihren *Gefühlen* arbeiten.

Bevor Sie sich für eine Kündigung, eine Trennung oder einen Wohnungswechsel entscheiden, sollten Sie alles daran setzen, um „bei Trost" zu sein. Vor solchen Veränderungen sollten Sie einen klaren Kopf haben. Dann beurteilen Sie Ihre Lage sachlicher. Und vielleicht zeigen sich viel einfachere Lösungsmöglichkeiten als der Totalausstieg aus Ihrem bisherigen Leben?

Wenn man unter dem Druck unerträglicher Gefühle handelt, beurteilt man die Lage verzerrt. Durch voreilige Handlungen verknäuelt man sich weiter. Man gelangt dadurch vom Regen in die Traufe. Mit einem klaren Kopf hingegen schätzt man Ressourcen viel besser ein und findet leichter kreative Lösungen.

3.B.3   Probleme beim Üben und Lösungen

Am Anfang können Probleme auftauchen wie:

- Verschiedene Gefühle vermischen sich miteinander.
- Mehrere Szenen stellen sich gleichzeitig ein.
- Man hat ein Kopfkino, das man noch nicht steuern kann.
- Das innere Bild bleibt undeutlich.
- Es dauert, bis ein starkes Gefühl entsteht.
- Störungen wie Lärm lenken ab.

Lösungen:

Schwierigkeiten wahrnehmen ohne sie negativ zu beurteilen

Betrachten Sie diese Schwierigkeiten als normal. Die wichtigste Strategie auf dem mystischen Weg bleibt bei allen Problemen: Man akzeptiert einfach, dass Störungen da sind. Man tut *nichts* dagegen.

Die Strategie der Mystiker läuft dem Lösungsmuster unserer Kultur entgegen. Dort lernen wir, bei Problemen rasch zu handeln. Wer diese aktionistische Strategie auf dem mystischen Weg anwendet, wird scheitern. Denn es gilt die spirituelle Grundregel: Dasjenige, dem man Aufmerksamkeit schenkt, wird *stärker* werden. Jeder Ärger über eine Ablenkung wird den Ärger verstärken.

Lassen Sie deshalb alle Idealvorstellungen los. Mit der Haltung „Es ist so wie es ist", werden Sie am leichtesten vorankommen. Nehmen Sie Störungen wahr in der Einstellung: „Ja, der Lärm hat mich abgelenkt", „Ja, die Bilder wandern" – und kehren Sie dann in Ihre innere Szene zurück und üben Sie unverdrossen weiter.

Versuchen Sie bei allen Übungen, eine liebevolle Grundhaltung zu behalten oder zu erlernen. Wer perfekt sein will, erträgt seine Fehlschläge irgendwann nicht mehr. Wer lernt, Fehlschläge gelassen hinzunehmen, lernt Ausdauer und Liebe.

Den Medienkonsum reduzieren

Wenn Ihre Bilder rennen oder Ihr Bild verschwimmt, zeigt dies an, dass Ihre Gefühle aufgewühlt sind. Vielleicht konsumieren Sie zu viele Bilder und Klänge? Oft hilft ein verringerter Medienkonsum, um sich leichter konzentrieren zu können. Hierin liegt der Urlaubseffekt einer Woche im Kloster: Entbehrliche Reize – auch wenn wir sie als „Freizeit" gewohnt sind – fallen fort, und der Entzug wirkt wohltuend.

Sich eine Meditations-Ecke einrichten

Tempel und Kirchen sind so gebaut, dass sie Besucher auf Wesentliches ausrichten. Daheim erleichtert eine „heilige Ecke" die Konzentration. Dies kann ein Lieblings-Sessel sein, eine Ecke mit Ikonen oder ein Mini-Altar.

„Kloster"- und Gruppeneffekte nutzen

Das christliche Mönchtum und andere Religionen nutzen den Gruppeneffekt beim Beten und Meditieren. Menschen, die sich gemeinsam auf das Wesentliche ausrichten, erzeugen ein Kraftfeld, das kein Einzelner erschaffen kann. Der Zen-Meister Taisen Deshimaru-Roshi erklärt westlichen Individualisten: „Was im *dojo* zählt, ist die Atmosphäre, die durch die wechselseitige Abhängigkeit aller Übenden geschaffen wird. Auf unbewusste Weise beeinflussen sich alle gegenseitig. Du und ich allein, oder wir hier alle zusammen, das ergibt zwei ganz verschiedene Atmosphären. Je nachdem, ob im Kamin ein oder mehrere Holzscheite brennen, ist das Feuer nicht das gleiche."[9] Ebenso sind Orte, an denen viel meditiert oder gebetet wird wie Tempel, Klöster und Kirchen von Kraftfeldern durchtränkt. „Durchmeditierte" Ort werden Sie bei Ihren Übungen tragen.

---

[9]   Taisen Deshimaru-Roshi, Za-Zen. Die Praxis des Zen, hg. Janine Monnot/Vincent Bardet, Berlin (ohne Jahr), 63.

Den Körper entspannen

Körper, Seele und Geist wirken aufeinander. Daher können Sie Ihren Körper über positive Szenen entspannen und mit unbewussten Fixierungen auf negative Szenen verspannen.[10] Mit dem zunehmenden Beherrschen der Gefühls-Übung werden Ihnen Ihre negativen Fixierungen bewusst werden. Sie können dann Ihren Körper entspannen als seien Sie körperlich an Ihrem Lieblingsort anwesend.

Umgekehrt erschwert ein verspannter Körper die geistige Konzentration. Verspannungen führen zu unruhigen Gedanken und negativen Gefühlen. Anfangs mag es helfen, den Körper direkt durch Körper-Übungen zu entspannen: sei es durch Spaziergänge, Schwimmen oder das einfache Yoga-Programm von Jon Kabat-Zinn, das er für Menschen mit Burnout und schweren Krankheiten entwickelt hat.[11] Dadurch befreien Sie sich rascher von Altlasten, die als Barrieregefühle psychosomatisch im Körper stecken.

---

[10] Vgl. hierzu die Videos von Bruce Lipton auf You Tube: „Biology of perception".
[11] Jon Kabat-Zinn, Gesund durch Meditation, Bern/München/Wien [3]1995.

3.B.4 Varianten für nicht-visuelle Menschen

Die meisten Menschen in unserer Kultur können ihre Gefühle am besten über Bilder steuern (visuelle Typen). Nicht-visuell veranlagte Menschen können die Gefühls-Übung abwandeln.

⌘ „Ich kann mir nach wie vor keine inneren Bilder vorstellen und auch keine positiven Gefühle erinnern. Mit der Gefühls-Übung habe ich noch nie gute Erfahrungen gemacht, weil weder positive Bilder noch Gefühle dabei entstehen. Auch nichts Negatives; eher einfach gar nichts. Ich bin nicht in der Lage, mir irgendetwas vorzustellen!"

Nicht-visuelle Menschen können über erinnerte Klänge, Gerüche, Berührungserfahrungen oder Geschmackserlebnisse in Gefühle eintauchen.

Riechen:
• Rosenduft
• „Liebe ist für mich Kaffeeduft."

Hören:

• einer Klangschale, Glocke oder Liedzeile innerlich lauschen
• Die Gefühls-Übung in Form gesungener Mantren: Taizé-Mantren, Gregorianik, Stundengebet. Die monotonen Klostergesänge (Gregorianik)[12] und die mantrischen Gesänge der Klostergemeinschaft von Taizé[13] eignen sich hervorragend da-

---

[12] Für EinsteigerInnen geeignet: Godehard Joppich/Reich/Sell, Preisungen. Psalmen mit Antwortrufen, Münsterschwarzach 2005 zusammen mit der CD „Preisungen. Responsoriale Psalmodie, Münsterschwarzach 2001. – Für Fortgeschrittene: Benediktinisches Brevier, hg. von der Abtei Münsterschwarzach, Münsterschwarzach 2009. Es enthält die Stundengebete benediktinischer Mönche und Nonnen in Kurzform.

[13] Communauté de Taizé, Die Gesänge aus Taizé, Freiburg 2003. Ein Einstieg ist gut über die Taizé-CDs und die wöchentliche „Lichterfeier" aus Taizé im Internet möglich.

für, um geistig klar und seelisch ruhig zu werden. Sie sind melodisch so gestaltet, dass sie in eine tiefe Stille führen.[14]

Basilius der Große (330-379): „Das Psalmensingen befreit uns von Traurigkeit, es erheitert die Seele und bringt innere Turbulenzen zum Schweigen."

Ambrosius von Mailand (339-397): „Eine Welle übernimmt von der anderen die Bewegung und gibt sie wieder zurück – in einem beständig wogenden Hin und Her, das doch von unfassbarer Ruhe (tranquilitas) ist."

---

[14] Zu den Hintergründen: Anselm Grün, Chorgebet und Kontemplation, Münsterschwarzach 2002 (MKS 50). Aus musiktherapeutischer Sicht handelt es sich um „tropotrophe" Musik, vgl. Hans-Helmut Decker-Voigt, Aus der Seele gespielt. Eine Einführung in Musiktherapie, München 1991, 55ff.

3.B.5   Alltagseffekte der Gefühls-Übung

Die Gefühls-Übung bietet Ihnen im Alltag Folgendes:

Individuell bleiben: Mit der Zeit können Sie Ihre Gefühle mitten im Alltagstrubel festhalten. Sie lernen dadurch, Ihre Gefühle von denen der anderen zu unterscheiden. Sie nehmen andere Menschen mit ihren Gefühlen viel klarer wahr. Sie können durch „atmosphärische Störungen" wie Stress und Ärger hindurchsteuern. Die Autonomie über die eigenen Gefühle ist eine befreiende Machterfahrung.

⌘ „Zwei Stunden beim Zahnarzt. Die Ruheübung benutze ich abwechselnd mit dem Mantra und der Willens-Übung. Nach der Behandlung kann ich die Zahnarztpraxis geradezu erholt verlassen."

Schutz: Sie schützen sich vor negativen Gefühlen. Das Eintauchen in positive Gefühle wirkt wie ein atmosphärischer Schutzmantel. Sie müssen unangenehme Situationen nicht mehr fliehen, weil Sie Ihren eigenen Schutzanzug tragen.

⌘ „Steht ein unangenehmes Gespräch oder Ereignis bevor? Dann kann ich im Vorfeld gut die Übung einsetzen. Gerate ich jedoch spontan in eine Stresssituation, dann ist es noch sehr schwierig für mich, ruhig und gelassen zu bleiben. Da muss ich wohl noch viel üben!"

Heilung einleiten: Sie geben Ihrem Körper durch positive Bilder das Signal, dass er nicht mehr um das Überleben kämpfen muss und sich regenerieren kann.

Seelisch labile Menschen lernen durch gezielte Aufmerksamkeitslenkung auf einen inneren Schutzraum, Abstürze abzumildern oder sogar zu verhindern und angstfreier zu leben. Die Krise überschwemmt sie nicht mehr.

Andere schützen und spirituell heilen: Wenn Sie die Übung gut beherrschen, dann können Sie Ihren Schutzraum auf andere Menschen und Räume ausdehnen. Sie können einem nahestehenden Menschen und auch Feinden „Liebe" oder „Ruhe" senden. Konzentrieren Sie sich auf diese Menschen, Gruppen oder Räume und hüllen Sie sie in dieses Gefühl ein. Helfen Sie anderen, indem Sie gemeinsame Arbeitsräume von negativen Atmosphären reinigen. Überlassen Sie Aggressoren und Gestressten nicht mehr das Gruppenklima.

Zum Beispiel wenn Sie Freitag abends einkaufen, von drei Kassen nur eine besetzt ist, und die Kassiererin jetzt die Kasse verlässt, weil sie den Barcode nicht einscannen kann. Oder in einer mehrstündigen Sitzung, die Debatte dreht sich im Kreis, Sie versinken gerade in Hoffnungslosigkeit oder Wut.

Starten Sie mit Ihrem Bild für Frieden, Liebe oder Ruhe und verweilen Sie in Ihrem Gefühl. Stellen Sie sich vor, wie Sie dieses Gefühl in den Raum hinein ausdehnen. Verweilen Sie möglichst lange in diesem Gefühl.

Je öfter Sie die Übung in den Alltag einbauen, desto leichter lassen sich Gefühle von Ruhe, Liebe, Frieden allein durch das Wort auslösen.

4 Vom Denken zur Inspiration

A Kurs-Kapitel

4.A.1 Mantren in der Lebensgeschichte

Unsere Persönlichkeit strukturiert sich lebensgeschichtlich um Mantren herum:

- wiederholte Slogans von den Eltern („Tollpatsch!")
- Liedzeilen (Hits aus der Jugendzeit)
- Werbe-Slogans

Testen Sie es, wie tief solche wiederholten Botschaften in Sie eingedrungen sind. Rufen Sie sich Werbemantren aus Ihrer Jugendzeit wach.

Berichte von Personen, die mit dementen Menschen arbeiten, zeigen: Die mantrenförmigen Kernbotschaften überleben in uns selbst dann noch, wenn der Rest unseres Bewusstseins verfällt. Positiv heißt dies: Wir können Persönlichkeitskerne in uns aufbauen, die krisenfest und sogar demenzbeständig sein können!

Mentale Autonomie heißt: sich gezielt diese Personkerne selbst zu wählen, statt sich diese Kerne von Radiojingles, Werbeslogans, Popsongs oder von gestressten Eltern aufbauen zu lassen.

4.A.2 Mantren – die Gebetsform christlicher Mystiker

Mantrisches Beten führt in das Zentrum christlicher Mystik. Die großen spirituellen Lehrer im Christentum bevorzug(t)en als Gebetsform die mentale Sammlung in einem Mantra.

- Die frühen christlichen *Wüsteneinsiedler* wählten Psalmverse wie „Der Herr ist mein Hirte."
- *Johannes Cassianus* (etwa 360-435) brachte die Technik der Wüsteneinsiedler in das westliche Christentum. Er wählte den Psalmvers 70,2: „Gott, komm mir zu Hilfe. Herr, eile mir zu helfen." Cassian kennt die mystische Kraft mantrischer Gebete und nennt sie „Formel der geistigen Schau".[1]
- *Benedikt von Nursia* (480-547), auf den das benediktinische Mönchtum zurückgeht, übernahm Cassians Gebetsform für sein Kloster. Mit Cassians Gebets-Vers beginnen noch heute die Gebetszeiten der Benediktiner.
- *Bruno von Köln* (1027-1101), auf den das Mönchtum der Kartäuser zurückgeht, betete mit dem Wiederholungsgebet „O bonitas" – „O Gutheit/ Güte!"
- *Franz von Assisi* (1181-1226), der Gründer des Franziskaner-Ordens, betete Nächte durch mit dem Mantra „Deus meus et omnia" – „Gott, Du mein Ein und Alles."
- Die Mystiker-Schule, die mit der Anleitung *„Die Wolke des Nichtwissens"* aus dem 14. Jahrhundert betete, wiederholte spirituelle Wörter wie „Gott", „Liebe", „Sünde".[2]
- Der Gründer des Jesuiten-Ordens *Ignatius von Loyola* (1491-1556) lehrte seine Schüler das mantrische Beten zusammen mit

---

[1]   Johannes Cassian, Unterredungen mit den Vätern, Münsterschwarzach 2011, Coll. X,10, S. 310, hier übersetzt mit: „eine Gebetsform für das Schauen im Geist".
[2]   Willi Massa, Kontemplative Meditation. Die Wolke des Nichtwissens. Einführung und Anleitung, Mainz 1974.

einer Atemtechnik. Er gab ihnen mantrische Formeln mit dem Gottesnamen „Vater unser" und das Jesusgebet „Jesus Christus, Sohn Gottes, erbarme dich meiner".[3]

- Alle *orthodoxen Mönche* und Nonnen beten bis zum heutigen Tag ununterbrochen das Jesusgebet „Jesus Christus, Sohn Gottes, erbarme dich meiner". Bis zur Gegenwart erreichen dadurch Christen höchste mystische Stufen. Meister aus der griechischen Mönchsrepublik auf dem Berg Athos wie Vater Paisios[4] und der Einblick in das Lehrer-Schüler-Verhältnis durch „Die Aufrichtigen Erzählungen eines russischen Pilgers" aus dem 19. Jahrhundert bezeugen dies.[5]

---

[3] Sabine Bobert, Jesusgebet und neue Mystik, Kiel 2010, 323ff.

[4] Paissios der Agiorit, Athonitische Väter und Athonitisches, Sourotí bei Thessaloniki 2005; Kyriacos C. Markides, The Mountain of Silence, New York 2001.

[5] Aufrichtige Erzählungen eines russischen Pilgers, hg. v. Emmanuel Jungclaussen, Freiburg 2010. Dazu Bobert, Jesusgebet, a. a. O. (Anm. 3), 316ff.

4.A.3   Den eigenen Geist steuern lernen

Warum ist es sinnvoll, mit einem Mantra zu arbeiten? Testen Sie es: Versuchen Sie, fünf Minuten lang nichts zu denken! Notieren Sie bitte, was Ihnen alles durch den Kopf ging.

In unserer Kultur lernen wir analytisch und differenziert zu denken. Doch niemand bringt uns bei, dieses Werkzeug für ein paar Minuten beiseite zu legen. Das wäre sinnvoll, um ruhig einzuschlafen, um Sorgen beiseite zu legen, um gelassen einer kritischen Situation entgegenzugehen oder um die Umgebung zu genießen. Das Werkzeug beherrscht uns.

Buddhistische Meditationslehrer nennen das Gedankenrasen „Affengeist" und „Schmetterlingsgeist". Affen hüpfen ständig von einem Ast zum nächsten. Und ein Schmetterling taumelt wie ziellos von Blüte zu Blüte.

Ziel: den eigenen Geist steuern, auf Wesentliches zentrieren und für Gottes Gegenwart öffnen

Das Ziel der mantrisch betenden christlichen Mönche und Nonnen ist ein mentaler und emotionaler Zustand von Ruhe (griechisch: ἡσυχία „hesychia"), Gelassenheit und Friede und zugleich hoher Konzentration (griechisch: νῆψις „nepsis") und die Öffnung des Geistes für Gottes Gegenwart.

Ignatius von Loyola, der Gründer des Jesuitenordens, beschreibt den Zielzustand als „Indifferenz". Mit Indifferenz meint er eine Gelassenheit gegenüber allen Widerfahrnissen des Lebens, weil man von Liebe erfüllt ist.

4.A.4 Die MTP-Gedanken-Übung

Diese Übung ist die wichtigste der drei MTP-Übungen für eine mystische Persönlichkeitsentwicklung. Sie forciert unsere Persönlichkeitsentwicklung am stärksten.

Mystischer Weg des Jesusgebets:

Sie können wählen zwischen der Langfassung (in unterschiedlichen Längen):

"Jesus Christus, (Sohn Gottes,)
erbarme dich meiner, (des Sünders)."

Κύριε Ἰησοῦ Χριστέ υἱὲ τοῦ θεοῦ ἐλέησόν με τὸν ἁμαρτωλόν

Die Formel ist über 1500 Jahre alt und führt Sie in das Kraftfeld aller, die damit geübt haben. Sie ist bis heute die mystische Formel aller orthodoxen Mönche, Nonnen und Einsiedler.

Oder Sie beten mit der konzentrierten Kurzform:

"Jesus Christus"

Andere Mantren:

"Liebe" (aus der "Wolke des Nichtwissens", 14. Jh.)
"Liebe umgibt mich." "(Ich bin) geborgen in Liebe"
"Alles ist gut."
"Alles ist eins."

Bei selbstgewählten Mantren ist wichtig:

- Sie konzentrieren uns auf heilende Inhalte.
- Sie sind in der Ist-Form. Zum Beispiel: „Alles *ist* gut." Statt: „Alles *wird* gut."
- Sie passen zum Atemrhythmus.

Ganz wichtig: OHNE innere Bilder arbeiten, keine emotionalen oder spirituellen Erlebnisse suchen.
Bilder halten den Geist in bekannten Strukturen fest. Konkrete Erwartungen verhindern Neues. Zudem bergen sie die große Gefahr von Autosuggestion. Die Geschichte der christlichen Bilder-Mystik ist zugleich eine Geschichte großer Hysterien.[6]

4.A.5 Übungsstufen

Einüben: Anfangs brauchen Sie vielleicht *ein paar ruhige Minuten*, um das innere Sprechen Ihres Mantras einzuüben. Nutzen Sie hierfür die Zeit morgens und abends beim Liegen im Bett oder Pausenzeiten wie im Bus oder auf dem Fahrrad zur Arbeit.

Standby-Zeiten nutzen: Probieren Sie möglichst bald, das innere Sprechen im Alltag einzusetzen. Sprechen Sie die Formel in *allen* Situationen, in denen Sie nicht konzentriert denken müssen. Verwandeln Sie den Gang durch den Flur, das Warten auf den Bus, Einkaufen und Hausarbeit in Klosterzeit.

Sich in kritischen Momenten bewähren: Sobald dies gut funktioniert, sprechen Sie Ihr Mantra gezielt in belastenden Momenten, die Sie aus Ihrem inneren Gleichgewicht reißen: in Konflikten am

---

[6] Vgl. Peter Dinzelbacher, Christliche Mystik im Abendland – ihre Geschichte von den Anfängen bis zum Ende des Mittelalters, Paderborn 1994.

Arbeitsplatz, beim Gedankenkreisen und bei erdrückenden Gefühlen. Hierfür können Sie das Mantra erweitern: „Jesus Christus – für meine Sorgen" (analog: „Liebe umgibt mich – mit meinen Sorgen") oder „Jesus Christus – für das Gespräch". Dadurch wird alles Negative mit dem Kraftzentrum verbunden und nichts wird verdrängt.

Nutzen Sie das Mantra als **Fürbitte**: Verbinden Sie Ihr Mantra mit den Namen der Menschen, um die Sie sich sorgen: „Christus Jesus – für YX." (oder die Langform – „erbarme dich XY"; „Liebe umgibt mich – und XY")

Sprechen Sie das Mantra als **Schutz vor Ihren Feinden** bzw. als Fürbitte für Ihre Feinde. Die Form ist die gleiche wie bei der Fürbitte: „Jesus Christus – für XY". Indem Sie den Feind in die Gottesbeziehung hineinnehmen, blockieren Sie die negativen Energien, die er Ihnen sendet, und Sie tragen zu seiner Weiterentwicklung bei.

Die **Stille** genießen: Wenn das Mantra in Ihnen eine tiefe Ruhe erzeugt, müssen Sie es nicht mehr sprechen. Genießen Sie die Stille und sprechen Sie es erst wieder, wenn die Gedanken wieder zu kreisen beginnen.

4.A.6 Einen mühelosen Konzentrationsflow erzeugen: Die Kopplung an den Atemstrom

Verbinden Sie das Sprechen des Mantras mit ihrem Atemstrom. Verändern Sie Ihren Atemrhythmus nicht. Nur der Einklang mit dem *natürlichen* Rhythmus schafft Ruhe.

Die frühen christlichen Mönche waren genaue Beobachter und dadurch gute Psychologen. Faktisch nutzten sie den *„Pawlowschen Reflex"* und die Lehre von der „Klassischen Konditionierung" durch die Verkopplung zweier Reize miteinander. Beispiel:

Reiz A: Eine Lampe leuchtet auf.

Reiz B: Gleichzeitig erhält Pawlows Hund Futter.

Wirkung: Nach der Konditionierungsphase reicht Reiz A aus, damit der Hund seinen Speichelreflex bekommt.

Auf dieselbe Weise *koppelt die Werbung Gefühle an Produkte*. Der Kunde sieht nach der Konditionierung durch Werbung das Produkt und erzeugt nun selbst das Gefühl (den „Speichelreflex" mit Appetit auf das Produkt).

Die christlichen Wüsteneinsiedler strebten nach müheloser Konzentration. Sie koppelten Reiz A: das Sprechen des Mantras, an einen Reiz B: an die gleichzeitige Konzentration auf den Atemfluss.

Reiz A: Konzentration auf den Jesus-Namen

Reiz B: Konzentration auf den Atemstrom

Wirkung: Nach einer Konditionierungsphase reicht das Atmen aus, damit das Gebet weiter innerlich erklingt und damit man in einem Konzentrationsflow bleibt.

Die Mönche hatten durch diese Reizkopplung ihr Ziel erreicht: „Betet ohne Unterlass" (1. Thessalonicher 5,17). Sie richteten ununterbrochen ihre Konzentration auf die höchste Wirklichkeit aus und ließen sich durch nichts im Alltag ablenken.

Wer in diesem Stadium übt, erlebt den Alltag als Flow.[7] Er ist ständig mühelos hellwach. Er hat keine gedanklichen Aussetzer, kann sich flexibel auf verschiedene Situationen einlassen und kann verschiedene Ebenen eines Problems mühelos erfassen. Diese Mühelosigkeit ist mit einem tiefen Glücksgefühl verbunden. Tagesgeschäfte stören dieses Glücksgefühl nicht mehr. Das Leben wird so wie es ist als lebenswert empfunden. Gott strahlt durch alle Dinge: Er ist „im Umgang mit jemand, im Gehen, Sehen, Schmecken, Hören, Verstehen und in allem, was wir tun; denn es ist wahr, dass seine göttliche Majestät ... in allen Dingen ist".[8] Die Mitbrüder berichten über den Mystiker Ignatius von Loyola: „Wir sahen, wie er sehr oft von kleinen Dingen Gelegenheit nahm, den Geist zu Gott zu erheben, der auch in den geringsten wunderbar ist. Wenn er eine Pflanze, einen Grashalm, ein Blatt, eine Blume, irgendeine Frucht sah oder bei der Betrachtung eines Würmchens oder sonst eines Tierleins, wurde er über die Himmel erhoben und drang in das Innerste und den Sinnen Entzogene ein".[9] „Gott" ist für den Mystiker weder abstrakt noch jenseits. Er wird diesseitig erlebt.

---

[7] Zu Flow-Erfahrungen: Bobert, a. a. O. (Anm. 3), 300ff.

[8] Juan de Polanco im Auftrag des Ignatius von Loyola in einem Brief vom 1. Juni 1551 an Antonio Brandao, einen Studierenden des Ordens. Zitiert nach: Peter Knauer, Hinführung zu Ignatius von Loyola, Freiburg 2006, 37.

[9] Zitiert nach: Peter Knauer, Hinführung zu Ignatius, a. a. O., 38.

4.A.7 Vorsicht, mystische Stufe!

Das Jesusgebet ist in seiner radikalen Konzentration auf den Gottesnamen keine Spielerei, sondern eine mystische Kerntechnik.

Auf der Alltagsebene eignet sich die Formel hervorragend zum mentalen Coaching und zum Erreichen tiefer Ruhe und Krisenfestigkeit.

In der mystischen Phase entfaltet diese Gebetsform jedoch eine so starke Dynamik, dass Sie einen Lehrer brauchen (vgl. Kapitel 6).

B   Erläuterungen

4.B.1   Risiken mindern

Jeder spirituelle Weg kann zum Ego-Trip werden. Die Gefahr von Verblendung und Größenwahn lauert auch auf diesem Weg. Schon die ersten christlichen Wüstenmönche berichten von verirrten Mitbrüdern.[10] Zum Schutz haben sie so etwas wie Leitplanken für den Weg eingebaut. Die alten Texte gebrauchen für die beste Grundhaltung beim Üben das Wort „Demut". Demut meint kein masochistisches Sich-Kleinmachen, sondern ein waches Bewusstsein für die eigenen Grenzen. Um an Grenzen nicht zu scheitern, sollte man sie im Auge behalten. Diesem Grenzbewusstsein dienten: ein geistlicher Lehrer, das Feedback aus der Gemeinschaft, das Geformtwerden durch tägliche Rituale, die rituelle Vereinigung mit Christus in der Kommunion, die tägliche Arbeit und die Erinnerung an früheres Scheitern.

Stadt-Eremiten können sich ähnliche Leitplanken einbauen. Dies erfordert zwar Eigeninitiative, doch kaum jemand bricht ohne den Blick auf mögliche Gefahren in ein Abenteuer auf. Telefon und Mail erleichtern den Austausch mit einem Lehrer. Man kann sich mit Gleichgesinnten vernetzen und kann den Tag mit (christlichen) Ritualen strukturieren. Auszeiten im Kloster eignen sich für vertiefende Tage im Schweigen. Der Alltag sorgt für Feedback. Er ist ja meist nicht grau, sondern voller Klippen und verlangt waches Reagieren. Familie, Kollegen und Freunde geben uns gewollt und ungewollt Rückmeldungen. Akzeptieren Sie Ihre Umgebung als Ihre Klostergemeinschaft. Sie wird Sie in Ihrer spirituellen Entwicklung herausfordern und fördern.

---

[10]   Palladius von Helenopolis, Leben der Väter (Historia Lausiaca), München 1912, 60-63. Über Athos-Mönche auf Abwegen: Altvater Paissios der Agiorit, Athonitische Väter und Athonitisches, a. a. O. (Anm. 4), 180ff, 183ff.

So seltsam es klingt: Feinde können unsere besten Lehrer sein. Sie schmeicheln uns nicht. Sie bringen uns an unsere Grenzen. Meist wirken sie gerade deshalb feindselig auf uns, weil sie unsere wunden Punkte treffen. Ihr Feind spiegelt Ihnen ungeschönt, wie stark Sie tatsächlich in sich ruhen. Tiefe Ruhe in der Meditationszeit ist ein Fortschritt. Gelassen über den Wahrheitsgehalt einer feindseligen Bemerkung nachzudenken, erfordert mehr. Wir verdanken unseren Feinden, dass sie uns von Illusionen befreien und uns vor Verblendung auf dem spirituellen Weg schützen.

Die eigene Ausgangslage lieben

Gehen Sie liebevoll Ihren eigenen Übungsweg. Hören Sie auf, sich zu vergleichen. Sie sind einmalig und ebenso ist es ihr Weg.

Ihr ärgster Gegner auf dem spirituellen Weg sind Sie selbst. Wer zu viel von sich verlangt, geht lieblos mit sich um. Wenden Sie auf Ihren mystischen Weg das Erfolgsrezept aus dem Jogging an: „Laufen ohne zu schnaufen!" Wer daheim bleibt und gar nicht losläuft, kommt nicht vom Fleck. Wer untrainiert losstürmt, wird aufgeben. Sein Training wird kurzatmig enden.

⌘ „Gerade die Anfangsphase war sehr schwierig: Die Konzentration beim Denken des Namens ‚Jesus Christus' fiel mir so schwer, dass ich nochmal drei Schritte zurück ging und das Gebet mündlich sprach und auch in der längeren Version ‚Herr Jesus Christus, erbarme dich meiner'. Das half mir dann doch etwas dabei, nicht ständig und sofort abzuschweifen."

Fürbitte contra Ego-Trip. Das Jesus-Mantra als Gebet für andere

Über mystische Stufen kann viel mystifiziert werden. Man verrennt sich hier leicht. Eindeutig ist jedoch, in welchem Ausmaß wir andere Menschen in unseren spirituellen Weg mit hineinnehmen und uns nicht mehr hinter Barrieregefühlen verschanzen. Ein Mystiker kann leicht mit einem introvertierten Menschen verwechselt werden. Ein schüchterner Mensch, der vielleicht Menschen hasst und sich deshalb in sich zurückzieht, ist jedoch das Gegenteil von einem Mystiker.

Der Weg, um den es hier geht, führt uns in die größtmögliche Öffnung. Unsere Mitte ist mit der ganzen Welt verbunden. In ihr gibt es keine Angst. Sie führt uns über alle Barrieren hinaus.

Sprechen Sie das Jesusgebet für die Menschen, die Ihnen wichtig sind. Dazu reicht die Vorstellung: Ich spreche jetzt „Jesus Christus, Sohn Gottes, erbarme Dich meiner" anstelle dieses Menschen. Oder sprechen Sie es in der Kurzform „Jesus Christus – für XY". Dadurch nehmen Sie Einzelne und Gruppen in dieses verwandelnde Kraftfeld hinein. Sie können damit auch belastete Orte für sich und andere reinigen.

Das Jesusgebet ist eine sehr intensive Form von Fürbitte. So lange Sie sich um jemanden sorgen, verändern Sie nichts. Sie verstärken sogar das negative mentale Feld. Versuchen Sie stattdessen, Ihre Sorgenkinder in das Kraftfeld Ihres Mantras einzubeziehen. Sie können mit Gottes Namen gebundene Menschen befreien, und von Athos-Mönchen werden sogar Krankenheilungen berichtet. Wer zerstreut ist, vermag wenig. Er verliert am Ende sich selbst. Wer im Namen Gottes gesammelt ist, hat teil an den Schöpferkräften der Welt.

⌘ „Ich habe vor ein paar Tagen für einen Freund das Mantra gebetet. Er war krank, ich lag im Nebenraum auf dem Sofa. So intensiv habe ich noch nie die Schmerzen und Emotionen eines anderen Menschen simultan empfunden. Ich hab diese Erfahrung dann auch getestet: ‚Sag mal, der Schmerz wandert gerade vom Ober- in den Unterbauch, links am Hals tut's weh, oder?‘ Immer wurden meine Beobachtungen bestätigt, was alleine schon zu einer Ablenkung von den Schmerzen führte. Der Freund bemerkte aber auch, dass etwas anders war, während ich für ihn gebetet habe. Ihm wurde warm und es war ‚so eine andere Atmosphäre‘. Das war interessant, aber auch intensiv und körperlich anstrengend. Davon musste ich mich erstmal ein wenig erholen. Seitdem bin ich nach zweiwöchiger Ruhe wieder ziemlich offen für die Emotionen und Schmerzen anderer. Ich merke inzwischen auch klar, was Menschen innerlich bewegt. Einige Menschen schießen regelrecht Pfeile auf einen, andere sind unglaublich stark am Grübeln, die nächsten sind absolut nervös."

⌘ „Meine größte Sorge ist das Glück meiner Tochter. Ich war alleinerziehend, und mit der körperlichen Behinderung meiner Tochter, die sie ja zeitlebens haben wird, hatten wir bisher ein eher mühevolles Leben. Meine Tochter ist ein ganz geduldiger und liebevoller Mensch und bekam nach dem Studium leider immer nur befristete Arbeitsverträge, mit vielen Umzügen, Stress, Insolvenz, Kündigungen, wiederholten 3-Monats-Kettenverträgen usw. Im Moment hat sie Burnout. Sie befindet sich in einer Orientierungsphase und denkt über ein Zweitstudium oder auch eine therapeutische Ausbildung nach – irgendetwas Sinnvolles, wo sie Menschen helfen kann, wird es wohl werden.
Deswegen beziehe ich bei meinem täglichen Mantra auch sie mit ein. Und obwohl ich es erst sieben Monate geistig sage, ist jetzt bei ihr schon alles im Umbruch. Auf die Frage meiner Tochter, warum

das ausgerechnet jetzt alles so konzentriert passiert, habe ich ihr nur geantwortet, dass dies sicher die Antwort auf mein Mantra ist und somit ein Wegweiser Gottes.

Auch bei mir war das Mantra bisher nicht ohne Folgen: Meine 4jährige Beziehung hier oben im Norden mit meinem Partner, nach Jahrzehnten des Alleinlebens, wollte ich hinschmeißen, weil ich mir nicht sicher war, ob mein Freund die gleichen Werte und Interessen leben wollte wie ich. Nachdem er jetzt aber in dieser sorgenvollen Zeit so viel Geduld und Verständnis für meine Tochter zeigt, und er sich dazu sehr für Gott, die Gebete usw. interessiert, festigt sich diese Beziehung doch sehr."

Feindesliebe?

Jesus fordert uns auf, Übeltätern zu verzeihen und Feinden zu vergeben. So schwer uns das fällt – er hat es leider sogar mitten ins christliche Hauptgebet, das Vaterunser, eingefügt: „Vergib uns unsere Schuld wie auch wir vergeben unseren Schuldigern." Auch andere Religionen kultivieren diese zunächst unverständliche Großherzigkeit.

Da ich selber aus Familienverhältnissen stamme, in denen Weltkrieg und Faschismus die Familienmitglieder traumatisiert haben, nehme ich meinen Weg als Beispiel. Am Anfang sprach ich das Jesusgebet nur für mich und für Freunde. In Phasen, in denen ich so ruhig war, dass Worte die Ruhe zerstört hätten, kam mir der Satz in den Sinn: „Vergib allen." Da er mir missfiel, tat ich ihn als Einbildung beiseite. Leider störte er auch in den folgenden Tagen jedes Mal meine Stille.

Ich sah mich außerstande zu vergeben. Nach allem Unrecht, das mir widerfahren war, sollte ich Menschen in meinen Frieden hineinnehmen, die mir für Jahre den Frieden geraubt hatten? Es vergingen Tage von Auflehnung, Wunden brachen auf, und mein Friede war dahin. Wenn ich betete, verfolgte mich weiterhin dieser Satz.

In tiefem Unverständnis und Schmerz begann ich schließlich, das Jesusgebet für meine Traumatisierer zu sprechen. Ich gebe zu, dass ich öfter Schimpfwörter einflocht.

Das Ergebnis war für mich phänomenal. Ich verließ die Rolle des Opfers. Ich fühlte mich nicht mehr einem blinden Schicksal ausgeliefert, sondern zunehmend frei und stark. Ich erwartete keine Wiedergutmachung mehr, sondern ich wurde zu einem Menschen, der freiwillig etwas gab. Meine dunklen Jahre wurden zunehmend zu meiner Vergangenheit. Auch die wiederholten Selbstmord-Wünsche meines Vaters für mich verblassten.

Ich weinte sehr viel. Zugleich fühlte ich, wie in meinem Leben eine Tür aufging, nach der ich mich gesehnt hatte. Ich sah mich endlich mit eigenen Augen, nicht mehr mit den Augen derer, die mich hassten.

Sie können diesen Weg in die Freiheit rein psychologisch verstehen. Aus spiritueller Hinsicht nehmen Sie Ihrem Feind die Macht, wenn Sie das Jesusgebet (oder ein Mantra mit Liebe als Inhalt) in seine Richtung sprechen. Weil ich den Widerwillen gut nachvollziehen kann, biete ich Ihnen Stufen an: Sprechen Sie zunächst das Mantra für die *Beziehung* zu Ihrem Feind, noch nicht direkt für ihn selbst. Schon dadurch zerstören Sie die Kräfte, mit denen Sie verkettet sind. Hass ist eine sehr starke Kraft. Wer Sie hasst, sendet Ihnen schädigende Kräfte. Feindesliebe kann auf dieser Ebene als die vernünftigste Handlung der Welt verstanden werden: Sie schützen sich vor Ihren Feinden. Indem Sie das Gebet in ihre Richtung sprechen, neutralisieren Sie alles, was sie Ihnen senden.

Der religiöse Extremfall ist der Exorzismus: das befreiende Gebet für Menschen, die von zerstörerischen Mächten beherrscht sind. Das Jesusgebet lässt sich als ein postmoderner Exorzismus gebrauchen. Der Extremfall der Feindesliebe wäre: „Jesus Christus für Satan." „Satan" ist der mythologische Name für alle Mächte, die Menschen zerstören. Die christliche Mythologie zeichnet Satan als einen gefallenen Erzengel, der aus Neid auf die Liebe Gottes zu den Menschen die Menschen zerstören will.

4.B.2 Zum Gebet werden statt Gebete sprechen

4.B.2.1 Zen-Sitzungen statt „immerwährendes Gebet"?

Das wichtigste am mantrischen Beten ist das hochfrequente Beten. Es geht nicht darum, morgens und abends „Stille Zeiten" einzulegen oder das Jesusgebet wie eine Zen-Sitzung zu praktizieren. Es geht um eine neue Grundhaltung im Alltag, einen neuen „Habitus". Die Mönche nennen ihre Gewänder „Habit" (vom lateinischen „habitus" – „Haltung", „Gestalt"). Ihr Gewand erinnert sie an die neue Haltung und Seinsform, die sie erlernen wollen. Das mantrische Beten ist der Habit der Stadt-Eremiten. Es ist ein unsichtbares Gewand, doch Menschen mit geistiger Wahrnehmung können das Lichtgewand schauen, mit dem Sie sich dadurch umgeben. Je länger Sie diese Gebetsform praktizieren, desto leuchtender und größer wird Ihr Licht-Habit, Ihr Licht-Gewand.

Dies erreichen Sie nicht durch vereinzelte Gebetszeiten. In der christlichen Mönchstradition heißt das mantrische Beten „immerwährendes Gebet". Johannes Cassian, der das mantrische Beten als Wüsteneinsiedler erlernte und dann im Römischen Reich bekannt machte, schreibt darüber: „Auch euch soll eine Gebetsform [formula] für das Schauen im Geist [spiritalis theoria] anvertraut werden. Richtet euren Blick immer und ohne Unterlass darauf; dann lernt ihr, sie Tag und Nacht zu wiederholen, so dass sie für euch zum Heilmittel wird, und durch ihre Anwendung und euer Nachsinnen darüber zu erhabenerem Schauen emporzusteigen. Als Form für die von euch erbetene Gebetsweise wird euch diejenige vorgelegt, welche jeder Mönch, der danach strebt, allezeit an Gott zu denken, nachdem er die Unmenge an Gedanken vertrieben hat, sich angewöhnen soll, ohne Unterlass in seinem Herzen zu wiegen und darüber nachzusinnen.“[11]

Um zu verdeutlichen, dass Cassian wirklich ein Nonstop-Beten meint, sei er ausführlicher zitiert: „Unaufhörlich sollen wir das Gebet dieses kleinen Verses strömen lassen; im Unglück, damit wir ihm entrinnen; im Glück, damit wir nicht überheblich werden. Unablässig lasse in deinem Herzen das Nachsinnen über diesen Vers hin und her wogen. Höre nicht auf, ihn bei jeder Arbeit, in jeder Aufgabe, auch wenn du unterwegs bist, vor dich hin zu singen. Sogar wenn du schläfst, beim Essen, oder wenn dein Körper sein Recht einfordert, zu verdauen und auszuscheiden, pflege diesen kleinen Vers. Wenn du diesen Vers unablässig in deinem Herzen sich bewegen lässt, wird er dir zu einem Rettungsanker [formula salutaris], der dich nicht nur unverletzt vor jedem Ansturm der Dämonen bewahrt, sondern dich auch von allen Lastern, mit denen du dich in der Welt angesteckt hast, reinigt. So wird er dich hindurchgeleiten zu jener himmlischen Schau, die mit leiblichen Augen nicht gesehen werden kann. Er wird dich hinreißen zu jener unaussprechlichen Glut des Gebetes, die nur von sehr wenigen erfahren wurde.

Mag dich auch Schlaf überfallen: Wenn du diesen Vers einübst, wird es dir schließlich, durch seine unablässige Anwendung geformt, zur Gewohnheit werden, ihn sogar im Schlaf auf[zu]sagen. Er soll dir nach dem Aufwachen als erstes in den Sinn kommen, beim Wachwerden soll er der erste aller Gedanken sein. Wenn du von deinem Lager aufstehst, soll er dich beim Beugen der Knie begleiten, und von da zu allem deinem Werk und Tun führen, dich allezeit begleiten. Du sollst über ihn nachsinnen, ‚wenn du im Haus

---

[11]   Johannes Cassian, Unterredungen mit den Vätern, Münsterschwarzach 2011, Coll. X,10, S. 310f. Latein in eckigen Klammern von SB.

sitzt und unterwegs bist', wie es der Gesetzgeber [Mose] gebietet (Dtn 6,7), wenn du schläfst und wenn du dich vom Schlaf erhebst. Ihn sollst du auf die Schwelle und die Tür deines Mundes schreiben, auf die Wände deines Hauses und das innerste Gemach deines Herzens. Wenn du dich zum Gebet niederwirfst, sei er dein Gesang zur Verbeugung; wenn du dich vom Gebet erhebst und daran gehst, alle für den Lebensunterhalt notwendigen Arbeiten zu verrichten, sei er dein aufrichtiges und beständiges Gebet."[12]

Die „Aufrichtigen Erzählungen eins russischen Pilgers" geben Einblick in das Meister-Schüler-Verhältnis beim Erlernen des Jesusgebets. Auch sie bezeugen die hochfrequente Übungspraxis. „Ich hatte mich so sehr an das Herzensgebet gewöhnt, dass ich mich ununterbrochen darin übte; und endlich fühlte ich, dass das Gebet sich ganz von selbst ohne irgendeine Nötigung meinerseits in mir verrichtete und von Geist und Herz nicht nur im wachen Zustande verrichtet wurde, sondern dass es sogar im Schlaf genauso wirkte und durch nichts unterbrochen wurde."[13]

Wir können darauf verzichten, unsere Gebete mit Knoten- oder Perlenschnüren zu zählen, wie es noch heute bei den orthodoxen Mönchen und Nonnen üblich ist. Aber wir können als Stadt-Eremiten inmitten aller Ablenkungen nicht auf die sammelnde Mitte verzichten. Unser Mantra wird uns zurückführen, wenn wir außer uns waren. Stadt-Eremiten haben wegen ihrer zerstreuenden Lebensbedingungen diese Gebetsform vielleicht noch nötiger als Wüsteneinsiedler.

Verwirrung entsteht dadurch, dass in Westeuropa Kurse zum „immerwährenden Gebet" („Jesusgebet", „Herzensgebet", „Ru-

---

[12] A. a. O., Coll. X,10, S. 315. Ergänzungen in eckigen Klammern (außer bei „Mose") von SB.

[13] Aufrichtige Erzählungen eines russischen Pilgers, hg. v. Emmanuel Jungclaussen, Freiburg [17]2010, 60.

hegebet") angeboten werden, die den Teilnehmern zu einer Übungsfrequenz von 2 x 10 bis maximal 2 x 20 Minuten täglich raten und vor einer höheren Übungsfrequenz warnen.

Es ist unmöglich, eine einzige Gebetsfrequenz für alle festzulegen. Jeder bringt andere Voraussetzungen mit. Jeder lebt in unterschiedlichen Verhältnissen. Die Warnung ist berechtigt, wenn der Kursleiter nach Kursende nicht die Begleitung der Einzelnen auf ihrem mystischen Entwicklungsweg übernehmen kann oder möchte. Das sollte man jedoch thematisieren, statt die Frequenz für alle von vornherein abzusenken – entgegen der Tradition.

Wie dem auch sei: Mit einer so niedrigen Übungsfrequenz können Sie Ihre Konzentrationsfähigkeit für den Alltag gut schulen (Coaching-Ebene). Aber es ist unwahrscheinlich, dass Sie unter urbanen Lebensbedingungen solch eine mentale Sammlung erreichen, dass Sie die Grenzen des materialistischen Weltbildes durchschauen. Dadurch bleibt Ihnen verschlossen, worum es christlicher Mystik geht: die Erleuchtung und die Vereinigung mit Gott vor Ihrem Tod. Wenn Ihnen die Stufe des Coachings reicht, dann sind die 2 x 20 Minuten eine gute Leitlinie.

Ansonsten: Sprechen Sie das Jesusgebet so oft und so viel, wie es *Ihnen* guttut. Jeder muss sein eigenes Tempo finden. Ein Lehrer, der mit mystischen Erfahrungen vertraut ist, sollte Sie hierbei begleiten. Was Ihnen guttut, können Sie zunächst nur selbst herausfinden. Heilungsprozesse und mystische Erfahrungen setzen erst bei intensivem Üben ein. Alles andere bleibt Konzentrationstraining.

⌘ „Zunächst hielt ich mich bei meiner Einübung in das Herzensgebet beinahe sklavisch an die Anweisungen einschlägiger Autoritäten, zog mir auf diese Weise zu meiner seelischen Gespanntheit aber lediglich auch noch eine körperliche Nervosität zu. Das konnte nicht das Ziel sein, also räumte ich mir einige Freiheiten ein: Statt gebeugt sitzend betete ich das Herzensgebet nun bevorzugt auf ausgedehnten Spaziergängen – so ‚bewandert' hatte ich mir bereits das Rosenkranzgebet angeeignet –, enthob mich jedes zeitlichen Zwanges und kürzte vor allem mein ursprünglich recht langes Mantra auf ein einfaches ‚Herr Jesus Christus, erbarme dich meiner!' herunter."

✢ „Die Übung des Herzensgebetes habe ich schon länger gekannt, nun habe ich die Praxis intensiviert. Dabei breitet sich in mir mitunter ein Gefühl von Eins-Sein und Glück aus, wie es das schönste innere Bild nicht vermöchte. Mir scheint, das Herzensgebet nimmt die Gefühls-Übung in sich auf."

Das Frustrierende am zeitlich limitierten Beten ist, dass es Ihren Schleier aus gewohnten Gedanken und Gefühlen kaum lüftet. Sie werden nicht wirklich „neu". Hinter Ihrem Vorhang lebend, halten Sie weiter Ihre Gedanken- und Gefühlsgewebe für wirklicher als die unsichtbare, doch reale Gegenwart Gottes, die Sie ständig umgibt. Sie konstruieren weiterhin Ihre Welt nach Ihren Bauplänen. Hinter diesem Vorhang nehmen Sie Wirklichkeitsdimensionen nicht wahr. Durch Barrieregefühle und falsche Konstrukte fühlen Sie sich getrennt und zweifeln vielleicht an der Existenz Gottes. Dabei ist er so real da, wie Sie selbst da sind. Es ist schade, wenn Sie diese Dimension erst im Sterben erfahren.[14] Mystische Anleitungen wollen Sie schon in diesem Leben auf die richtige Spur bringen. „Erleuchtung" ist weder für die ersten Jahrhunderte noch für religiöse Spezialisten reserviert. In uns allen lebt Gottes Licht. Jeder kann es schauen, wenn er seine Wahrnehmungsmuster klärt.

---

[14] Vgl. Raymond Moody über die mystischen Erfahrungen von Sterbebegleitern, die in die Nahtod-Erlebnisse von Sterbenden hineingenommen wurden: Moody, Zusammen im Licht. Was Angehörige mit Sterbenden erleben, München 2011.

4.B.2.2 Der Alltag als Kloster für Stadt-Eremiten: Standby-Zeiten nutzen

Postmoderne Mönche

Viele Menschen sehnen sich nach Auszeiten und Ruhe. Doch die Urlaubszeit ist begrenzt, und der Alltag zersplittert unsere Aufmerksamkeit in tausend Stücke. Das mantrische Beten kann Ihnen helfen, Ihren Alltag gelassen und zentriert wie im Kloster zu leben. Sie müssen weder kündigen noch Ihre Familie verlassen und Nonne oder Mönch werden, um Seelenfrieden und Erleuchtung zu finden. Im Übrigen sei angemerkt, dass ein Kloster für ein paar Tage Ruhe und Frieden schenkt. Sobald der Reiz des Neuen jedoch schwindet, werden Sie herausfinden, dass auch hier die Gottsuche mit Banalitäten, Konflikten und der Konfrontation mit den eigenen Grenzen verbunden bleibt. Denn Mönchsein ist Arbeit – an sich selbst und mit anderen.[15] Eine mühelose Gottsuche gibt es weder im Kloster noch außerhalb des Klosters. Gehen Sie schlicht davon aus, dass Ihr jetziger Lebensort der ideale Ausgangspunkt für Ihre Erleuchtung ist. Am stärksten behindert Rastlosigkeit die spirituelle Entwicklung. Benedikt von Nursia, auf den das Mönchtum der Benediktiner zurückgeht, rät Ihnen zur „stabilitas" statt zum Vagbundieren, wenn Sie Gott suchen wollen.[16] *Bleiben Sie, wo Sie sind.* Und bleiben Sie bei *einer* Methode, anstelle des Spiri-Hoppings, das weiterhüpft, wenn es schwierig wird. Religion ist nichts Oberflächliches. Sie führt Sie in das größte Abenteuer, auf das Sie sich einlassen können: Nichts bleibt wie es war.

---

[15] Nancy Klein Maguire, In der Stille vieler kleiner Stunden. Fünf Kartäuser-Novizen auf der Suche nach Gott, München 2007. Veronika Peters, Was in zwei Koffer passt. Klosterjahre, München 2008. Henri J. M. Nouwen, Ich hörte auf die Stille. Sieben Monate im Trappistenkloster, Freiburg [3]2004.

[16] Die Regel des hl. Benedikt, hg. v. P. Basilius Steidle OSB, Beuron [12]1980, „1 Die Arten der Mönche", S. 19f.

Die Standby-Zeiten nutzen

Wo lässt Ihr Alltag Ihnen Zeit für Abenteuer? In Ihren Standby-Zeiten! „Standby-Zeiten" sind alle Zeiten, in denen Sie nicht konzentriert denken oder mit anderen sprechen müssen. Die Standby-Zeiten sind Ihre Klosterzeiten – Atemholen für Seele und Geist.

Meist meditieren wir in Standby-Zeiten Sorgen und Probleme. Spirituell betrachtet, vertiefen wir sie dadurch nur. Denn was man betrachtet, das verstärkt man. Wenn Sie nach zehn Minuten Grübeln keine Lösung haben – werden Sie die Lösung nach drei Stunden haben? Psychologen schlagen stattdessen ein „Reframing" vor: Betrachten Sie Ihr Problem aus einem neuen, kreativen Blickwinkel. Dadurch ergeben sich völlig neue Lösungen.

Das Mantra führt Sie in eine Position des Reframing. Sie gehen auf Abstand zu Ihren Problemen. Ihnen werden kreative Lösungen – gerade durch Nicht-Grübeln – einfallen.

1) Planen Sie, künftig in allen Standby-Zeiten Ihr Mantra zu beten bzw. zu sprechen. *Koppeln Sie es zunächst an ruhige Alltagsroutinen* wie Joggen, Fahrradfahren, zum Bus gehen, die Zeit vor dem Einschlafen.

2) *Achten Sie auf Ihre vielen „schwarzen Löcher",* in denen Sie Dialogfetzen und Grübeleien nachhängen und endlos Probleme wälzen. Verwandeln Sie sie in erholsame Kloster-Zeit. Gehen Sie auf Abstand zu Ihren Sorgen. Die orthodoxen Mönche und Nonnen murmeln das Jesusgebet halblaut beim Kartoffelschälen, beim Kochen, beim Fegen des Hofes – also ununterbrochen, den ganzen Tag. Wir können unser Mantra innerlich ebenso sprechen: in der Küche, beim Anstehen, wenn wir einen Flur entlanggehen, auf Sitzungen.

Erst wenn Sie diese Pausen nutzen, entdecken Sie, wie schwer Sie sich das Leben gemacht haben. Sie ertappen sich mitten beim Weben Ihres Grauschleiers.

⌘ „Ich wache auf, mein Gehirn beginnt sich auf den Tag ‚vorzubereiten' und alle Sorgen und Aufgaben sind präsent. Früher hätten mich diese Sorgen schon im Bett erdrückt, aber nun gehe ich leichter mit ihnen um. Ich denke ‚Gott hilft mir und ich brauche mich nicht zu belasten mit Dingen, die in der Zukunft liegen'. Ich lasse den Tag also mehr auf mich zukommen."

⌘ „Mein Tag sieht so aus: Ich wache auf und mache jetzt nebenher das Jesusgebet. Meistens laufe ich schon in dieser Zeit durch die Gegend: Zähne putzen, essen, duschen usw. Das Gebet geht meistens noch weiter auf dem Weg zu den Vorlesungen. Es funktioniert auch hervorragend als Schlafhilfe. Ich atme ein, atme aus, und plötzlich ist der nächste Morgen da."

⌘ „Das Jesusgebet spreche ich, wann immer es geht – also immer öfter in den kleinen Zwischenmomenten: beim Warten im Supermarkt, wenn ich zu Fuß unterwegs bin, im Bus. Dann ist es jedoch auch besonders schwer, sich an dem Mantra ‚festzuhalten'. Wenn die Augen offen sind, denke ich auch mehr und es fällt schwerer, sich zu konzentrieren. In diesen Alltagssituationen fühle ich mich aber auch manchmal nicht ganz in der Umgebung präsent, weil ich mich im Kopf ja mit etwas anderem beschäftige. Wenn jedoch Sorgen aufkommen, dann sehe ich das Jesusgebet als meinen ‚Anker', der mich nicht von meiner Mitte und Ruhe wegtreiben lässt. In Momenten der Langeweile empfinde ich das Jesusgebet manchmal als ‚Spielzeug', das ich in der Tasche habe. Ich weiß, dass es mir hilft und mich ablenken kann, wenn ich es brauche. Einerseits ist es etwas Ernsthaftes, andererseits auch etwas Leichtes, was mich beruhigt und auflockert."

⌘ „Das mit ‚Jesus Christus' habe ich vorhin bei einer Radtour geübt. Es klappt. Dann bin ich mit dem Rad zur Rückenschule gefahren und ich hatte kaum Ängste. Es war ganz toll."

⌘ „Obwohl ich den ganzen Tag über allein von zu Hause aus arbeite, fühle ich mich nicht mehr einsam. Und manchmal, wenn ich sehr zerstreut bin oder so viele schlechte Gedanken in mir habe, verspüre ich das Bedürfnis, das Gebet zu sprechen. Auch mein Verständnis dafür, dass ich Erbarmen nötig habe, ist gewachsen, neben dem Gebet vor allem durch das genaue Betrachten meiner Gedanken."

⌘ „Wenn die Mönche ihr Mantra zum Beispiel bei der Gartenarbeit stundenlang sprechen können, warum kann ich es dann nicht bei eintöniger Hausarbeit? Es gelingt mir einfach nicht. Ich schweife dauernd ab, denke bei der Hausarbeit doch mehr, als ich vermutet hatte."

⌘ „Manchmal läuft das Jesusgebet über einige Zeit parallel zu meinen Alltagsgedanken. Manchmal lasse ich es so laufen, aber manchmal rufe ich mich auch zurück. Freundliche Konzentration, ja, aber doch Konzentration. Seit ein paar Tagen stelle ich mir das Jesusgebet als Richtung vor, als Flussbett für meinen Lebensfluss. Ich lasse mich mit jedem Atem bzw. jeder Formel ins Flussbett fallen – damit ist auch die Richtung des Flusses klar. Ziel ist natürlich das Meer. Ich lasse mich also beim Beten ins Flussbett fallen, oder besser vom Fluss tragen. Seitdem ist auch mein Schreiben wieder klarer. Ich schreibe, um in Fluss zu bleiben, ich bete, um dem Fluss Boden und Richtung zu geben."

Ist überall beten lästerlich?

Manche Christen befürchten, etwas Gotteslästerliches zu tun, wenn sie an jedem Ort zu jeder Zeit beten. Diese Trennung von „heilig" und „profan" ist jedoch das einzig Lästerliche – wenn man es so bezeichnen möchte. Im mystischen Erleben gibt es keine „profanen" Orte oder Zeiten. Der Zen-Lehrer Huang Po antwortete provokant zur willkürlichen Aufspaltung der Welt in „heilig" und „profan": „ ‚Was ist die Essenz des Buddha?' ... ‚Die Klosettbürste.' "[17]

Der ganze Kosmos ist heilig – erfüllt von Gottes Gegenwart. Wir bewegen uns ständig in Gott. Gott lebt längst in uns. Er „existiert" nicht irgendwo an einem entfernten Ort. Wir teilen sein Leben. Nur unser Kopf fabriziert die Trennung. Sie korrigieren diesen Fehler, indem Sie scheinbar gottferne, unheilige Situationen wieder mit Gott verbinden. In diesem Moment sind Sie Priester. Sie verbinden „Himmel" und „Erde" bewusst miteinander. Sie heiligen die Zeit des Abwaschens und Putzens und Duschens, indem Sie Gottes Gegenwart einströmen lassen und damit Liebe, Frieden und Ruhe in unruhige oder öde Momente.

Es ist also kein Problem, wenn Sie das Jesusgebet vor dem Einschlafen sprechen. Es ist sogar hilfreich. Die orthodoxen Mönche stehen mitten in der Nacht auf, um ihre Träume zu unterbrechen und das Jesusgebet zu sprechen. Ich rate arbeitenden Menschen außerhalb des Klosters davon ab, weil dies zu sehr anstrengt. Es reicht, wenn wir unser Mantra im Einschlafen sprechen oder beten. Ihr Traumleben wird sich dadurch ändern. Sie werden zunehmend heilende Träume bekommen, die aus Ihrer Wesensmitte stammen und Sie führen werden. Schüler auf der mystischen Stufe haben sogar Kontakt mit verstorbenen Familienmitgliedern und erhalten von ihnen Weisung wie von Engeln. Sie erleben dann die „Ge-

---

[17] Taisen Deshimaru-Roshi, Za-Zen. Die Praxis des Zen, hg. v. Janine Monnot/Vincent Bardet, Berlin o. J., 25.

meinschaft der Heiligen". Das „Jenseits" ist nur ein jenseits unserer Wahrnehmung. Die Grenze verläuft für jeden unterschiedlich – je nachdem, wie sorgfältig Sie den Grauschleier aus Ihren alltäglichen Gedanken und Gefühlsmustern lichten.

⌘ „Erste Wanderung im Frühjahr auf altbekanntem und bequemem Weg in Schleswig-Holstein. Unterwegs nur wenige Menschen. Rechts der große See, links abwechselnd Wald, Weide oder Wasser. Kein Lärm ist zu hören, nur lautes Vogelgekreische. Irgendwann wird der Weg doch lang. Problemlos lässt sich das Mantra mit dem Gehen verbinden. Irgendwann sehe ich die markanten Bäume, die in einiger Entfernung stehen. ‚Und in jedem Baum offenbart sich Gott!' Der Satz taucht einfach in mir auf. Ja, irgendwie sehe ich die Bäume jetzt anders, nehme sie anders wahr."

Im Zweiten Gebot heißt es: „Du sollst den Namen des Herrn, deines Gottes, nicht missbrauchen." Ist unaufhörliches Beten mit dem Jesus-Namen Namensmissbrauch? Und wir sollen doch nicht „plappern wie die Heiden" (Matthäus 6,7)?

Gleiches ließe sich von vielen Wortgebeten sagen. Da machen Menschen unendlich viele Worte – und drehen sich häufig nur um sich selbst.[18] Sie thematisieren ihre Stimmungen, ihre Erwartungen an Gott, ihre eigenen Ideen wie die Mitmenschen und die Welt sein sollten. Die Gefahr der wortreichen Gebete liegt im Kultivieren alter persönlicher Muster und eigener Gottesbilder. Der Übergang vom Wortgebet zum Auflösen der Gottesbilder am wirklichen Gott findet in diesen Monologen kaum statt. Beten muss beides kultivieren: das Sprechen zu Gott – und das Hören auf ihn.

Das Jesusgebet wirkt wortreich. Doch so erscheint es nur dem Anfänger. Wer es längere Zeit praktiziert, spürt einen Sog in die Stille. Dieser Sog ist so stark, dass er zeitweise ängstigen kann.

---

[18] Zur Projektionsfalle: Bobert, Jesusgebet, a. a. O. (Anm. 3), 331-335.

Die Stille wirkt fremd und neu, so dass viele an dieser Schwelle sagen: Ich bin noch nicht so weit. In der Stille begegnen wir unserem unverfälschten Selbst, das abgründig mit Gott als Quelle allen Bewusstseins verbunden ist.

Wenn wir das Jesusgebet oder unser Mantra oft sprechen, dann opfern wir in diesen Zeiten unser Gedankenkino und das Einschleifen alter Denk- und Gefühlsmuster. Hingabe wird konkret. Wer meint, er sucht oder liebt Gott, aber zu keinen Handlungen der Hingabe bereit ist, meint es nicht ernst. Wer das Jesusgebet in den Alltag einbaut, spürt dieses Opfer. Das Murmeln des Namens ist uns fortan wichtiger als unsere Gedanken. Wir geben mitten im Trubel unsere Aufmerksamkeit Gottes Gegenwart hin. Auf ihn konzentriert, hören wir auf, seinen Namen für eigene Zwecke zu benutzen. Die Sammlung im Namen genügt uns.

Der Schriftsteller und Holocaust-Überlebende *Elie Wiesel* beschreibt mantrisches Beten als Sprung in den Anfang der Schöpfung: „Vielleicht haben die Mystiker recht, wenn sie nur einen einzigen Satz, Gebet oder Anrufung, einen Tag lang, ein Leben lang wiederholen. Tausend mal eins, das ist eins und nicht tausend. Doch eins mit tausend multipliziert ist etwas anderes als eins multipliziert mit zehn oder mit eins. Wenn man ein Wort, ein einziges, im Sprung nimmt, kann man das Geheimnis der Schöpfung, den Mittelpunkt entdecken, an dem alle Fäden zusammenlaufen."[19]

---

[19] Elie Wiesel, die Pforten des Waldes, zitiert nach: Elie Wiesel, Worte wie Licht in der Nacht. hg. v. Rudolf Walter, Freiburg 1987, 94. Ich danke Dr. Klaus Adam aus Norderstedt für diesen Hinweis.

⌘ „Für mich war das Buch ‚Erzählungen eines russischen Pilgers‘ eine wichtige Begleitlektüre. Ich habe nie viel auf einmal gelesen, so dass ich lange etwas davon hatte. Immer wieder wurden darin Probleme behandelt, die ich auch hatte und die mich manchmal fast zum Aufgeben bewegt hätten: zum Beispiel das Gefühl, dass es doch ungeistlich sei, das Gebet einfach vor sich her zu plappern ohne etwas dabei zu denken und zu fühlen. Das Buch erklärte mir: Die Häufigkeit des Gebets ist das einzige, was ich als Mensch geben kann. Für alles andere ist Gott zuständig. Das Gebet immer wieder zu sprechen ohne dass sich etwas ‚tut‘, hat etwas mit Gehorsam und Vertrauen zu tun. Auch wenn es mir selbst wie Geplapper vorkommt.“

Werde ich durch viel beten verrückt?
Vielleicht denken Sie, die hohe Übungsfrequenz macht Sie wahnsinnig? Das Gegenteil ist der Fall. Sie werden sehr klar und nüchtern werden, vergleichbar mit einem Zen-Buddhisten. Wahnsinnig werden Sie eher durch Ihre Grübeleien, Dialogschleifen und Sorgen. Das Mantra wird zunächst zu einem Steg über dem alltäglichen Gedankensumpf. Es ist ein ständiger Konzentrationspunkt, der den Betenden vor dem Versumpfen schützt.

Anfangs wirkt das innerliche Sprechen des Mantras tatsächlich etwas störend. Aber das ist nur in der Einübungsphase so. Durch das Verbinden mit dem Atemstrom wird das Gebet wie von selbst in Ihnen klingen. Es wird leiser und dringt in Ihre Tiefen. Schließlich wird Ihr Atem zum Gebet. Es ist, als würden Sie Gott atmen – oder er durch Sie.

Am Ende des Gedankenrasens, in der Stille, wartet die Intuition. Sie ist der Pool, aus dem Künstler, kreative Menschen und Erfinder ihre großen Einfälle schöpfen. Das Schöne daran ist: Sie müssen nur das Gegenteil von Grübeln dafür tun: Sie müssen nichts tun.

Die chinesischen Taoisten nennen diese Strategie „Wu wei" – „nicht handeln", „nichts tun". Sie wissen, dass gedankliches und willentliches Loslassen nicht zu Passivität und Lähmung führt, sondern in einen hellwachen Zustand.

Die Taoisten beschreiben den Übergang vom Alltagsbewusstsein zu unserem Grundbewusstsein mit einem Bild: Der Vollmond scheint auf einen Waldsee. Wind weht. Auf den Wellen kräuseln sich silberne Linien. Der Vollmond scheint auf den See, doch niemand kann ihn im See erkennen. – Der Wind legt sich. Der Mond spiegelt sich rund im Wasser.

„Gott" und sein „Paradies" scheinen in uns wie der Mond. Jesus lehrt: „Das Reich Gottes ist inwendig in euch." (Lukas 17,21: ἐντὸς ὑμῶν ἐστιν) Wir erkennen es nicht, weil in uns ein höllisches Feuer aus ungeordneten Gedanken und Barriere-Gefühlen lodert. Tibetische Buddhisten bezeichnen sie als „Geistesgifte".

Mystische Spiritualität erzeugt nichts. Sie ist die Kunst der Wahrnehmung. Bildlose Mystik verfeinert die Wahrnehmung des Menschen mit dem Ziel, dass er etwas für andere nicht Wahrnehmbares klar erkennen kann.

4.B.3 Mantra: Auf den Inhalt kommt es an

4.B.3.1 Christliche Mantren

1. Christlicher mystischer Weg

Namen

Wer die mystische Mitte des Christentums erfahren möchte, sollte möglichst mit dem Gottesnamen arbeiten. Gottesnamen sind: „Jesus Christus", „Vater unser" (in der aramäischen Form: 'abûn, sprich „abún") und „Heiliger Geist" (hebräisch רוח rûaḥ, sprich: „rúach"). Namen sind Türen zu Gottes Gegenwart. Wir sollten sie, wie auch bei Personennamen wie „Petermann", nicht willkürlich verändern in „Peterfrau".[20] Wer die Gottesnamen mit irdischen Geschlechterkategorien verbindet und daher ablehnt, kann mit hebräischen oder aramäischen Varianten arbeiten.

Langform des Jesusgebets

Für die lange Formel „Jesus Christus, Sohn Gottes, erbarme Dich meiner (, des Sünders)", spricht die Kraft, mit der sie durch den über tausendjährigen Gebrauch aufgeladen ist. Sie tauchen in ein gigantisches Kraftfeld ein.

Durch die Anredeform bleibt deutlich, dass es sich um ein Gebet handelt, nicht lediglich um ein Konzentrationswort.

---

[20] Zur Kraft des Namens vgl. Emmanuel Jungclaussen (Hg.), Anleitung zur Anrufung des Namens Jesus von einem Mönch der Ostkirche, Regensburg ³1980. Alex Stock, Poetische Dogmatik. Christologie, Bd. 1: Namen, Paderborn 1995; ders., Poetische Dogmatik. Christologie, Bd. 2: Schrift und Gesicht, Paderborn 1996.

Kurzform „Jesus Christus"

Für die Kurzform „Jesus Christus" spricht:

- Sie konzentriert den Sprecher auf das Wesentliche: den Namen Gottes.
- Sie überfordert Einsteiger nicht durch theologische Aussagen („Sohn Gottes", „erbarme dich", „Sünder") und verleitet dadurch nicht zum Grübeln.
- Sie lässt sich leicht mit dem Atem koppeln.
- Durch die Kürze kann man sie leichter bei alltäglichen Tätigkeiten sprechen.

Wer Probleme mit dem Jesus-Namen oder Gottesnamen hat, sich aber in der christlichen Tradition beheimatet fühlt, kann sich einen anderen mantrischen Gebetstext wählen (siehe oben, „4.A.2 Mantren – die Gebetsform christlicher Mystiker"). Geeignet sind Psalmverse (z. B. „Der Herr ist mein Hirte"), biblische Verse (z. B. „Gott ist die Liebe") sowie Gebetstexte aus der christlichen Tradition (z. B. ein Vers aus dem „Vaterunser", „Ave Maria").

Wenn Sie zum Grübeln neigen, schützt Sie die Verfremdung durch das Lateinische oder Aramäische (wie im Gebetsruf „Maranatha"). Schöne lateinische Mantren finden Sie in den Gesängen der Mönche von Taizé.[21]

2. Mantra oder Gebet?

Darüber entscheiden Sie selbst. Für mich ist das Jesusgebet Beten. Ich gebe meine Gedanken und Gefühle einem Gegenüber hin. Ich sammle mich in seinem Namen, damit der damit Angesprochene mich verwandeln wird. Mit diesem Namen verbinde ich inzwischen eine Geschichte tief berührender Erfahrungen, die ich am Anfang dieses Weges nicht erwartet habe.

---

[21] Communauté de Taizé, Die Gesänge aus Taizé, Taizé 2008.

Für andere Menschen ist dieser Weg durch Lebenserfahrungen verstellt. Für sie wird das mantrische Wort ein Konzentrationspunkt sein, ähnlich wie im Zen der Atemstrom. Wiederum kenne ich Menschen, die mit einer rein mantrischen Übungsform begannen und dann durch ihre verfeinerte Wahrnehmung zu Gotteserfahrungen gelangten. Gerade die nichtreligiöse Sprache für diese Erfahrungen überzeugte mich.

⌘ Jemand, der sich als „stolzer Heide" vorstellte – und es auf seine authentische Weise auch blieb – erzählte mir nach einigen Monaten des Übens mit einem nichtreligiösen Mantra freudestrahlend und erstaunt: „Ich war im überfüllten Bus. Sonst beginne ich Menschen in diesem Moment zu hassen. An diesem Tag empfand ich einfach nur ein tiefes Gefühl von Liebe für diese Menschen. Ich war voller Liebe. Ich verstand es selbst nicht." Und er fragte mich einige Wochen später: „Kann es sein, dass Gott überall ist – in jeder Blüte, in jedem Menschen – nur jedes Mal auf andere Art?"

4.B.3.2 Nicht-christliche Mantren

Zwingen Sie sich zu keiner Formel, die in Ihnen nur Widerstände hervorruft. Mystik führt Sie in Ihre Mitte. Was Sie als Zwang empfinden, steigert nur Ihre Entfremdung.
Aus mystischer Sicht sind „Liebe", „Frieden", „Freude", „Leben" weitere Gottesnamen. Daher sind diese Wörter kraftvoll genug, um Menschen in ihre Mitte zu führen. Jede Erfahrung von Liebe, Frieden, Ruhe, Hoffnung, Freude, Mut ist eine anonyme Gotteserfahrung. In „Jesus Christus" geben Christen ihr einen Namen.

4.B.3.3 Mantren in anderen Religionen:
Am Beispiel von Mahatma Gandhi

Die mantrische Gebetstradition war im westlichen Christentum im 20. Jahrhundert so verschüttet, dass viele Christen erst über asiatische Umwege zu ihr zurück fanden. Zu ihnen zählt der Benediktiner-Mönch John Main. Er lernte das mantrische Beten zunächst bei einem hinduistischen Swami.[22]

Ein Beispiel für die persönlichkeitsbildende Kraft dieser Gebetsform im Hinduismus ist Mahatma Gandhi. Sein Kindermädchen brachte ihm das Mantra-Beten schon als kleinem Jungen bei. Gandhi erzählt darüber: „Ich fürchtete mich als Kind vor Geistern und Gespenstern. Rambha, mein Kindermädchen, riet mir, als Heilmittel den Namen [des Hindu-Gottes] Rama zu wiederholen. Ich vertraute ihr wesentlich mehr als ihrem Heilmittel. So begann ich schon in jungen Jahren, den Namen Rama zu wiederholen, um meine Angst vor Geistern und Gespenstern zu heilen. ...

Was die gute Frau Rambha in mir säte, das ist heute zu einer unschlagbaren Arznei für mich geworden. Der Name Rama und ähnliche Mantren sind unsere stärksten Verbündeten im Sieg über tierische Leidenschaften. ...

Man muss völlig von seinem Mantra durchtränkt sein. ... Das Mantra wird zum Grundnahrungsmittel und schützt einen in jeder Qual. ... Der Name Rama gibt einem Freiheit und Halt und lässt einen in kritischen Augenblicken nie im Stich."

Als Gandhi einmal eine sehr harte Zeit durchlebte, meinte er rückblickend: „Bis dahin hatte ich die wunderbare Kraft des Namens Rama noch nicht tief genug erfasst. Daher war meine Kraft, Leiden zu ertragen, noch gering. ... Der Name Rama ist die Sonne, die

---

[22] Vgl. John Main, Meditieren mit den Vätern. Gebetsweise in der Tradition des Johannes Cassian, Münsterschwarzach 1983 (MKS 21). Dazu Bobert, Jesusgebet, a. a. O. (Anm. 3), 312ff.

meine finsterste Stunde erhellt hat. Ein Christ mag den gleichen Trost im Wiederholen des Namens Jesu finden, und ein Muslim im Namen Allahs. ... An welcher Krankheit jemand auch leiden mag, die Wiederholung des Namens Rama aus tiefstem Herzen ist die sicherste Arznei. Gott hat viele Namen. Jeder kann den Namen wählen, der ihn am stärksten anspricht. ... Der Name Rama wird dir kein verlorenes Körperteil wundersam neu wachsen lassen. Doch er wird das noch größere Wunder vollbringen, dich am Ende deines Weges in einen unaussprechlichen Frieden zu hüllen, selbst wenn du keinen Sieg errungen hast. Zweifelsohne ist der Name Rama die zuverlässigste Hilfe. Wenn du ihn von Herzen wiederholst, vertreibt er finstere Gedanken, und ohne dunkle Gedanken vollbringen wir auch keine finsteren Taten. ... Ich kann uneingeschränkt sagen: Es besteht kein Zusammenhang zwischen dem Namen Rama, wie ich ihn gebrauche, und dem Wiederholen abergläubischer und magischer Formeln ... Wer Ramas Namen von Herzen anruft, wird mit einer unvergleichlichen Kraft erfüllt. Damit verglichen, ist die Atombombe nichts. Hier ist die Macht, alles Leid abzuschaffen."[23]

Gandhi ging so weit, dass er dem Namen Ramas zutraute, auch die beste Arznei bei körperlichen Krankheiten zu sein. Er nannte ihn daher „Arme-Leute-Medizin". Er glaubte so fest an die Heilkraft, dass er voraussagte: Er werde an keiner körperlichen Krankheit sterben. Falls doch, dürfe man auf seinen Grabstein „Heuchler" schreiben. Bis zu seiner Ermordung im Alter von 78 Jahren erfreute er sich tatsächlich bester Gesundheit.

---

[23] Eigene Übersetzung des Gandhi-Zitates bei: Anthony de Mello, Contact with God. Retreat Conferences, Chicago 1997, 95.

4.B.3.4 Das Mantra in der Transzendentalen Meditation (TM)

„Mantra" ist nicht gleich „Mantra". Das Jesusgebet hat mit dem allgemeinen Mantra-Meditieren nur den Wiederholungscharakter gemeinsam. Die Wiederholung bildet also den gemeinsamen Rahmen. Aber was ich in einen Bilderrahmen hänge, macht markante Unterschiede aus. Es gibt keine isolierte spirituelle Praxis. Es gibt auch keine isolierte Mantra-Meditation. Wenn Sie ein mantrisches Wort nutzen wollen, sollten Sie zugleich seinen Praxis-Kontext anschauen. Hierbei helfen Fragen wie:

- Welche Gruppe hat schon lange damit gearbeitet (Religions-Geschichte)?
- Welchen Inhalt hat das Mantra? (Purer Klang? Inhaltsleere Silbe? Verständliches Wort? Gottesname?)
- Welche Gruppe arbeitet gegenwärtig damit? (Prozesse von Neuinterpretation – durch wen?)
- In welchem wirtschaftlichen Rahmen wird das Mantra überliefert? (Kommerzialisierung)
- Welche Zeremonien finden bei der Übergabe des Mantras statt? (spirituell bindende Rituale)
- Gibt es Geheimhaltungsstufen? (Zum Mantra? Zur Einweihungszeremonie?)
- Mit welchen weiteren Praktiken und Lehren wird das Mantra-Üben verbunden? (Rituale, weiterführende Kurse?)
- Wie weit müssen Sie Ihren Alltag verlassen, um das Mantra zu erlernen und zu üben? (Ausstieg aus dem Beruf für „höhere Kurse"?)

Dies sind nur einige Fragen, die Ihnen verdeutlichen sollen: Es gibt keine isolierte Mantra-Praxis. All diese Faktoren formen Ihre Mantra-Meditation mit. Im Folgenden möchte ich diese Fragen exemplarisch am Beispiel der „Transzendentalen Meditation" (TM) beantworten, die seit den 1970er Jahren weltweit bekannt wurde.

Eintreten in eine Menschenkette von Übenden

Selbst wenn Sie jahrelang allein daheim die Klang-Silbe „Aima" aufsagen, wird sich z. B. Ihr Traumleben ändern. Warum? Mantren wirken auf der emotionalen und mentalen Ebene. Je nach ihrer Beschaffenheit (Klang, bedeutungsloses Wort, Gottesname) wird das Mantra Sie mit dem kollektiven Unbewussten all derer verbinden, die damit geübt haben und weiterhin üben. Ihre Öffnung für solche Kraftfelder wird verstärkt, wenn Sie zusätzlich Einweihungsrituale in dieser Gruppe durchlaufen haben.

Inhalt des Mantras

Ein Mantra wird je nach Inhalt unterschiedlich auf Ihre Persönlichkeitsentwicklung wirken. Selbst eine scheinbar „neutrale" Klangsilbe wird Ihre seelische und mentale Öffnung in eine bestimmte Richtung lenken.

A. Klangsilben als Mantren

Über die seelischen Wirkungen von Vokalen und Konsonanten haben die Anthroposophen viel geforscht. Auf dieser Basis haben sie sogar Therapien für spezifische seelische Störungen erarbeitet. Auch wenn in der westlichen Gesellschaft die Überzeugung herrscht: Klänge sind neutral, so merken Sie im deutschen Sprachkontext spätestens den Unterschied, wenn jemand statt „Aaaaaa" „uuuuu" oder „eeeee" ruft. „A" ist ein öffnender Herzlaut, zu dem körpersprachlich ausgebreitete Arme passen. „E" hingegen ist ein abgrenzender Klang, zu dem verschränkte Arme in Abwehrhaltung passen. „Uuu" führt uns in eine Bewegung zur Erde hin, die Ruhe verbreitet.[24]

„Nehmen wir irgendeinen Vokal. Er drückt immer aus dasjenige, was die Seele im Umfang ihres Fühlens erlebt. Entweder der Mensch will dasjenige ausdrücken, was im Staunen lebt: A, oder er will dasjenige ausdrücken, was eine Art Sich-Halten gegen einen Widerstand offenbart: E, oder er will ausdrücken seine Selbstbehauptung, sein Sich-Hineinstellen in die Welt: I. Er will ausdrücken sein Staunen oder wohl auch sein Anschmiegen an irgendetwas: EI. Das wird sich natürlich für die verschiedenen Sprachen verschieden gestalten, weil die verschiedenen Sprachen aus verschieden geartetem Empfindungsleben hervorgehen. Aber alles Vokalische drückt ursprünglich ein seelisches Fühlen aus, das sich nur verbindet mit dem Gedanken, der aus dem Kopfe kommt und dann ins Sprachliche übergeht."[25]

Auch Konsonanten wirken nicht egalitär auf uns. Wenn jemand neben Ihnen ständig „t – t – t – t" ruft, wird das Ihre Gemütsverfassung anders beeinflussen, als hätte er mit weichen Lippen „wwwww" artikuliert. Der t-Laut wirkt penetrant, er dringt in Sie ein. „wwww" hingegen ist ein Klang, der lautmalerisch Weichheit und Wärme verbreitet. Auf diese Weise können Sie gezielt emotionale Atmosphären vor jeder Inhaltsebene aufbauen.

Für die Meditation mit Mantren folgt daraus, dass Konsonanten und Vokale nicht Schall und Rauch sind, sondern als emotionale und mentale Steuerungselemente ernst genommen werden müssen.

---

[24] Rudolf Steiner, Aphoristische Ausführungen über Sprachgestaltung und dramatische Kunst, in: ders., Methodik und Wesen der Sprachgestaltung, in: Rudolf Steiner Gesamtausgabe, Band 280, Dornach/Schweiz 1983, 213ff.

[25] Rudolf Steiner, Eurythmie, was sie ist und wie sie entstanden ist (1923), in: Rudolf Steiner, Eurythmie. Die neue Bewegungskunst der Gegenwart, Dornach 1991 (TB 642), 34ff.

Es wird sich langfristig auf Ihren Geist und ihre Seele sehr verschieden auswirken, ob Sie „Amen" meditieren oder „Burburu". Das Amen-Mantra wird Ihren Herzbereich und Ihre Gefühlswelt öffnen. Darüber hinaus verbindet das Wort Sie mit dem Kraftfeld all derer, die es rituell und meditativ nutzen. Das Nonsens-Klangwort „Burburu" wird Sie in eine Schutzhülle packen („B" wirkt als einhüllend-abgrenzender Klang) und durch die vielen „u"s ruhig stimmen.

Klang-Mantren wirken wie die Gefühls-Übung, wobei verschiedene Klang-Gestalten zu unterscheiden sind. Sie stimmen uns in bestimmte Gefühlslagen ein.

Die Mantren in der TM sind Klangmantren. Dadurch wird die Anbindung an große religiöse Traditionsströme vermieden und ein Binnen-Gruppenklima erzeugt. Der TM-„Erfinder" Maharishi hat sich trotz wiederholter Bitten strikt geweigert, Mantren aus den Weltreligionen in seine Meditationsliste aufzunehmen. Auch buddhistische Mantren lehnte er ab.[26]

Die TM bietet ihren Anhängern 16 verschiedene Klangsilben. Diese werden nicht individuell, sondern altersspezifisch vergeben. Ein Kind von 4 bis 10 Jahren soll das Mantra „ING" mit offenen Augen im Gehen oder Laufen meditieren. Ein junger Erwachsener von 22 bis 24 Jahren erhält die Silben „AIMA" und ein Mensch ab 60 Jahren „SHIAMA".[27]

Maharishi Yogi war mit der seelischen Wirkung von Lauten vertraut und setzte sie gezielt ein. Der Vokal „A" nimmt die Meditierenden nach Maharishis Auffassung in den Anfang der Schöpfung hinein, in die weiteste Öffnung des Menschen für alle Möglichkeiten. „G" markiert ein Anhalten des Flusses, ein Stopp, usf.[28] Angesichts dieser

---

26 Vgl. Therese Schulte, Transzendentale Meditation und wohin sie führt, Stuttgart 1980, 226.
27 Die vollständige Alterstabelle der von der TM-Organisation geheim gehaltenen Mantren findet sich bei Schulte, 223. Zur seelischen Wirkung der Klangsilben vgl. 223-226.
28 Schulte, a. a. O., 223.

Kenntnisse der verschiedenen Wirkungen fällt auf, dass Maharishi drei Vokale völlig für den menschlichen Lebenszyklus fortlässt: E, O und U. Er beschränkt die emotionale Formung des Menschen auf A und I.

B. Gottesnamen als Mantren

Gottesnamen (oder auch Namen von Erzengeln, Heiligen oder Dämonen) enthalten Bedeutungen, selbst wenn diese dem Tagesbewusstsein verschlossen sind. In allen religiösen Traditionen gelten Gottesnamen als Kraftfelder, die uns weit über unsere bisherige Entwicklung hinausführen. Der Name eines Gottes ist die Gegenwart dieses Gottes. Ein Name wirkt stärker als das Klangfeld, aus dem er besteht. Daher ist die Klangebene hier von nachgeordneter Bedeutung.

Das Aussprechen eines Gottesnamens ist immer ein Herbeirufen, ein Vergegenwärtigen. Der Sprecher geht damit eine Beziehung ein. Er öffnet sich verborgenen Dimensionen der Wirklichkeit.

Die Kraft des Gottesnamens blieb im Judentum stärker bewusst als im gegenwärtigen westlichen Christentum. In der jüdischen Bibel gilt der Name als so heilig und kraftvoll, dass im Text zum Vorlesen ein Code-Wort an seine Stelle gesetzt wurde: „Adonaj" – „Herr".

C. „Liebe", „Frieden", „Ruhe" und mystisch wahre Sätze als Mantren

Mantrische Wörter wie „Liebe", „Frieden" oder „Ruhe" unterscheiden sich von Wörtern wie „Bratwurst" oder „Baum" darin, dass sie uns mit dem Grund der Wirklichkeit verbinden. Sie werden in der christlichen Tradition als Gotteseigenschaften verstanden. Gotteseigenschaften wirken ähnlich wie Namen Gottes. Indem wir unsere Aufmerksamkeit in ihnen sammeln, versenken wir uns in diese Wesensmerkmale Gottes.

Ebenso eignen sich zum mantrischen Beten Verse aus den biblischen Psalm-Liedern („Von allen Seiten umgibst Du mich", Psalm

139) und wahre Sätze wie „Alles ist eins." In ihnen wird die Wirklichkeit aus mystischer Sicht beschrieben, nicht lediglich aus der Sicht des Alltagsbewusstseins. Daher verbinden auch sie uns mit dem Grund der Wirklichkeit.

Die Ursprünge von TM

Nach *Maharishi Mahesh Yogi* (1918-2008), dem Begründer der TM, basieren die von ihm vermittelten Techniken auf der vedischen Philosophie (Kerntext: Bhagavad Gita) sowie auf mündlichen Überlieferungen seines Lehrers Swami Brahmananda Sraswati, eines geistlichen Oberhauptes des indischen Shankara-Ordens.

TM wurde weltweit populär, nachdem Maharishi 1968 Pop- und Filmgrößen wie die Beatles, die Beach Boys, Clint Eastwood und Mia Farrow zu Meditationskursen nach Indien eingeladen hatte und danach als TM-Lehrer durch die Welt reiste.

Kommerzialisierung

TM wird über ein hochpreisig kommerzialisiertes Kurssystem vermittelt. Wer sich darin zum Lehrer ausbilden lässt, investiert zunächst viel Zeit und Geld. Der Grundkurs wird in sieben Schritten absolviert. Zwar sind zwei einführende Informationsvorträge sowie ein persönliches Gespräch mit einem TM-Lehrer kostenfrei. Doch der anschließende Grundkurs kostet derzeit in Europa 2.380 Euro. Geboten werden hierfür: vier zweistündige Unterweisungen und eine Überprüfung der Meditationspraxis nach 10 Tagen.[29]

---

[29] In der Selbstdarstellung von TM: „1. Einführender Vortrag – Überblick über die Wirkungen der TM, 2. Vorbereitender Vortrag – Funktionsweise der TM-Technik, 3. Persönliches Gespräch mit dem TM-Lehrer, 4. Persönliche Einweisung in die TM, 5.-7. Folgetreffen – Festigung der Meditations-Praxis." Quelle: http://www.hannover.friedenspalast.de/ MAHARISHI-MEDITIEREN_LERNEN-1-MEDITIEREN_LERNEN.html (Zugang: 31. 10. 2011) Dort auch die Angaben zum Preis des Grundkurses.

Übergabe-Praxis des Mantras

Wenn religiöse Rituale von spirituell eingeweihten Menschen voll-
zogen werden, bleiben sie keine reinen Symbolhandlungen. Rituale konzentrieren und kanalisieren Kräfte. Sie gliedern die Ritual-
Teilnehmer in einen geistigen Organismus ein.

Die Übergabe des Mantras findet im TM-Grundkurs im Rahmen
eines hinduistischen Rituals mit Gesängen in Sanskrit statt. Das
persönliche Gespräch mit einem TM-Lehrer und die vorangegange-
nen Vorträge haben den Mantra-Schüler auf die rituelle Form nicht
vorbereitet. Im Kursplan heißt diese Einheit lediglich „Persönliche
Einweisung". Das Ritual wird so geheim gehalten, dass es selbst
den TM-Lehrern nur mündlich überliefert wird und sie es auswendig lernen müssen. Die ehemalige TM-Lehrerin Therese Schulte
beschreibt es in vielen Details.[30] Im rituellen Geschehen geht es
nur untergeordnet um eine Übergabe des Mantras. In erster Linie
vollziehen Lehrer und Schüler eine Opfer- und Hingabe-Zeremonie
des neuen TM-Schülers an den verstorbenen Meister des Maharishi: Shri Guru Dev. Der Schüler wird rituell in das Kraftfeld dieses
Meisters eingegliedert. Nach Schultes Beschreibung wird dieser
Verstorbene als höchste Macht im Kosmos angerufen. Guru Dev
bleibt fortan der Mini-Kosmos, dem sich der Meditierende durch
sein Klang-Mantra (das vom A-Laut dominiert ist) öffnet.

Der oder die Einzuweihende spricht im Ritual unter anderem: „Guru Dev ist der höchste Transzendente in Person, vor ihm, vor der
Herrlichkeit von Shri Guru Dev verneige ich mich. Das Grenzenlose wie der endlose Baldachin des Himmels, der Allgegenwärtige in
der Schöpfung, das Zeichen des Absoluten, das durch ihn enthüllt
wurde, vor ihm, vor der Herrlichkeit Shri Guru Devs verneige ich

---

[30] Schulte, a. a. O. (Anm. 26), 210ff. – Zur TM-Vita von Schulte 1972-1978: S. 10-12.

mich. Guru Dev, ... die Glückseligkeit des Absoluten, die Herrlichkeit transzendentaler Freude, ... "[31]
Die „Religionsneutralität", die TM propagiert, erweist sich angesichts dieses Rituals als eine PR-Farce. Der Einzuweihende erkennt für seinen weiteren Weg Guru Dev als „den höchsten Trans-
zendenten in Person" an. Der Altar – ein weiß gedeckter Tisch mit
einer Kerze und Räucherstäbchen – fungiert als ritueller Thron des
Verstorbenen. Dies wird durch sein Bild als höchstes Symbol auf
dem Tisch markiert. Alle rituellen Handlungen des Einzuweihen-
den sind auf Guru Dev hin ausgerichtet. „Die Anrufung bringe ich
dar zu den Lotusfüßen von Shri Guru Dev und verneige mich."[32]
Er bringt ihm dar: ein Tuch, Sandelpaste, Reis, eine Blume, Weih-
rauch, Licht, Wasser, Früchte, ein Betelblatt, eine Kokosnuss, eine
Kampferflamme.[33]
Schulte kommentiert: „Auch ohne genauere Interpretation enthül-
len diese Worte doch auf den ersten Blick das übermächtige Wesen des Meisters, das den ganzen Himmel überschattet. Für einen
noch Höheren bleibt eigentlich gar kein Platz."[34] Schulte, die selbst
Schüler auf diese Weise rituell weihte, spürte die Gegenwart des
Gurus. „Der TM-Lehrer fühlt überdeutlich, wenn er nicht stumpf ist,
dass er Instrument ist. Im Einführungsraum herrscht noch hinterher
eine Atmosphäre, als wäre ein sehr hoher Besuch dagewesen."[35]
Der religiös überrumpelte Schüler wird plötzlich in dem hinduistischen Weiheritual zum Hinknien aufgefordert. In diesem Moment
sagt ihm der TM-Lehrer sein Mantra. Juden, die sich über diese
religiösen Gesten, vor allem über das Niederknien vor dem Altar,
beschwerten, wies Maharishi zurück. Er bestand auf jedem Detail.

---

[31] A. a. O., 213.
[32] A. a. O., 213.
[33] Ebd.
[34] A. a. O., 214.
[35] A. a. O., 215.

Geheimhaltungsstufen

Einige Organisationen bestehen auf der Geheimhaltung des Mantras. Als Grund wird unter anderem genannt, dass es sonst seine Wirkung verliere. Solche Anweisungen wirken sich sozial aus. Der Meditierende wird sich bei Problemen mit seiner spirituellen Entwicklung an die Ingroup halten und wird dadurch nur von ihr Korrektur erhalten.

In TM werden sowohl die Mantren als auch die Worte und Handlungen des Einweihungsrituals geheim gehalten. „Diese Worte gehören zu den gehütetsten Geheimnissen, die der TM-Lehrer sich nicht aufschreiben darf, die er zum Lernen nur so oft und immer wieder hört, bis er sie auswendig weiß – in der natürlichsten, selbstverständlichsten Weise."[36]

Das Mantra im Kontext anderer religiöser Übungen

Die oben erwähnte Weihe an den verstorbenen Meister wirkt fort. Da das Mantra selbst eine inhaltsleere Öffnung darstellt, formt sich der Meditierende zum irdischen Gefäß des verstorbenen Meisters um.

Meditieren als Exkarnieren: Meditierende ab 10 Jahren sollen ihr Mantra zweimal täglich für 20 Minuten mit geschlossenen Augen aufrecht sitzend gedanklich wiederholen. Zusätzlich soll der TM-Schüler dabei seinen Körper schrittweise verlassen. „Nach der Grundmeditation, in der das Mantra in müheloser Selbsttätigkeit wiederholt wird, richtet der Meditierende in der Transzendenz, d. h. in der Leibfreiheit, wie sie dem einzelnen gradweise möglich ist, seine Aufmerksamkeit" zunächst auf einzelne Körperregionen, dehnt sie dann auf die ganze Erde aus, danach auf die Sonne, erweitert sie auf die Galaxien, und schließlich auf das Universum.[37] Wer

---

[36] A. a. O., 210f.
[37] A. a. O., 206, vgl. 206f.

weiß, was Aufmerksamkeitslenkung spirituell bedeutet, versteht diese Meditationsanleitung als einen extremen *Exkarnationsprozess* – als Einüben des Sterbens durch ein Verlassen des Körpers. Am Ende der Meditationseinheit soll der Übende in den Körper zurückkehren.

Christliche Spiritualität führt in die Gegenrichtung: Sie ist *inkarnatorisch.* Gottes Geist und menschlicher Geist sollen den physischen Körper und die physische Welt durchdringen und umgestalten. Der christliche Kult zielt auf die Umgestaltung der Materie. In der zentralen Kulthandlung, der Eucharistie-Feier, wird Gottes Geist auf die Kulturschöpfungen Brot und Wein herabgerufen. Das Christentum will die Materie durchgeistigen. Daher wird das menschliche Bewusstsein im Kultus nicht durch Trancereisen endlos ausgedehnt, sondern es wird konzentriert. In der Eucharistie-Feier wird es in Brot und Wein gesammelt. Das christliche Mönchtum schult darüber hinaus die Aufmerksamkeit in konzentrierter täglicher Arbeit und in der Selbstwahrnehmung eigener Gedanken, Gefühle und Willensimpulse.

Flugkurse und Sidhis: Neben einem esoterischen Lehrsystem, der so genannten „Maharishi Vedischen Wissenschaft" zu Architektur, Astrologie, Musik und Bildungsfragen werden Zusatz- und Fortgeschrittenen-Techniken gelehrt wie die TM-„Sidhis" und das so genannte „Yogische Fliegen". Die TM-Sidhi-Techniken stützen sich auf Elemente aus dem Patanjali Yoga und arbeiten mit weiteren Mantren: Von Patanjali beschriebene Formeln sollen gedanklich wiederholt werden.

Das Yogische Fliegen soll den Übenden Anfänge von Levitations-Erfahrungen vermitteln. Schulte spricht von Nervenklinik-Patienten, die anweisungsgemäß TM geübt hatten und die – vor allem seit den „Flugkursen" – unfähig geworden waren, danach ihren Alltag zu meistern.[38] Nach der Einführung in die Flugtechnik hätten viele Übende „Schwierigkeiten ... wieder in ihr Gehirn zu kommen. Für bestimmte Satz- und Denkstrukturen fühlt man sich wie geistig taub, ähnlich einer anästhesierten Körperstelle".[39]

Alltagsbindung von Spiritualität

Die ehemalige TM-Lehrerin Therese Schulte spricht von einer „erdenflüchtigen – und damit erdenverneinenden – Entwicklungsbemühung der TM".[40] Wer TM-Lehrer werden möchte, muss längere Zeit aus seinem bisherigen Beruf aussteigen. „... viele sind ... durch die zwei jeweils viermonatigen Lehrerausbildungskurse, ganz zu schweigen von den Halbjahreskursen der Gouverneure und Minister aus ihren Berufen herausgerissen worden".[41] Durch die eingeleitete Trennung des mentalen und emotionalen Körpers vom physischen Körper finden sich viele Meditierer nach der Rückkehr in ihren Beruf nicht mehr in normalen Arbeitsbedingungen zurecht. Der Beruf erscheint ihnen „beinahe unerträglich ... in seiner Härte und Grobheit ... manche waren, allein wenn sie das Universitätsgebäude betraten, von dem Chaotischen der geistigen Schwingungen dort benommen, weil sie nicht einsehen, was Unfrieden mit Entwicklung zu tun hat".[42]

Das mantrische Beten im Christentum zielt demgegenüber auf ein Wachwerden für Gottes Gegenwart im Alltag. MTP verortet deshalb die spirituellen Übungen im Alltag. Die Konzentration bei der täglichen Arbeit spiegelt die Qualität Ihrer Meditation.

---

[38] A.a.O., 9.
[39] A.a.O., 93.
[40] A.a.O., 132.
[41] A.a.O., 129.
[42] A.a.O., 129.

4.B.4   Das Mantra als Lebenspartner

Das eigene Mantra zu finden, ist so wichtig wie die Wahl des Lebenspartners. Es soll uns in allen Krisen begleiten und in der Verwandlung des Sterbens hindurchtragen. Doch wie finden Sie Ihr Mantra? Wer weder mit dem Gottesnamen („Jesus Christus", „Vater unser") noch mit einem biblischen Vers beten möchte, kann sein Mantra mit „Liebe", „Frieden" oder „Ruhe" bilden. Wichtig ist: Im Unterschied zur Gefühls-Übung geht es jetzt nicht um ein *Gefühl*, sondern um ein *rein gedankliches* Konzentrationswort, das alle Nebengedanken zum Verstummen bringen will.

Der Weg zum Mantra als Lebenspartner:

Probieren: Sie werden Ihr Mantra nicht durch Grübeln finden, sondern wie einen Anzug nur durch Anprobieren. Testen Sie Ihre Einfälle jeweils für ein paar Tage.

Ohne Atemkopplung! Wichtig: Koppeln Sie Ihr Mantra in der Test-Phase noch nicht an den Atem! Sonst schlägt es nach einigen Tagen Wurzeln. Es wird später durch andere Mantren hindurchklingen. Dies erschwert die Sammlung, denn Sie haben dann mehrere Sammelpunkte.

Gewissheit: Im ergebnisoffenen Probieren werden viele von „Ihrem" Mantra überrascht. „Es war plötzlich da." Eine Frau schilderte in einem Kurs ihre vergebliche Suche. Während eines Nachtalarms auf der Krankenstation hörte sie es plötzlich innerlich. Viele erleben dies genau so: „Das Mantra kommt zu mir." Manchmal schummelt es sich durch andere ausprobierte Mantren hindurch.

Krisenfest: Mit der Formel auf den Lippen sterben können.
Das Mantra soll Sie in Krisen tragen, nicht nur an schönen Tagen.
Sterben ist die größte Krise. Im Sterbeprozess begegnet uns alles
Unerledigte und Ängstigende. Auf den Tod wird alles projiziert.
Mich beeindruckte der Bericht des Priesters Franz Jalics. Er wurde während des Bürgerkrieges in Argentinien 1976 zusammen mit
einem Kollegen von Todesschwadronen entführt, wie über 6000
andere Menschen auch. Er und sein Kollege blieben die einzigen
Überlebenden. In ihrer über drei Monate währenden Ungewissheit
blieben beide bei ihrer bisherigen Gebetspraxis, dem Jesusgebet:
„Tagein, tagaus, von morgens bis abends blieben wir bei diesem
schlichten Gebet."[43] Anstelle eines Traumas erlebte Jalics „eine un-
glaubliche Wandlung". „Eine leichte Depression, die unterschwellig
immer dagewesen war, wie auch eine gewisse Aggressivität waren
vollständig verschwunden und kamen nie mehr zurück."

Es übt sich glatt: Wenn Sie reibungslos mit dem Mantra üben können, nicht mehr darüber beim Üben grübeln oder damit hadern,
und wenn es sich hin und wieder im Alltag als Anker bewährt, dann
passt es. Jetzt können Sie es mit dem Atemstrom verbinden.

Nicht mehr wechseln!!! Die Bilder für die *Gefühls*-Übung können Sie jederzeit wechseln. Ihr Mantra hingegen soll zum *einzigen*
Sammelpunkt Ihres Geistes werden. Jedes neue Mantra, das Sie
wählen, zerstreut Ihren Geist. (Ausnahme: Ein Wechsel zwischen
Kurz- und Langfassungen des Jesusgebets ist möglich.) Weitere Mantren erzeugen weitere Brennpunkte. Ein Mantra soll Sie
sammeln, nicht zerstreuen. Durch seine Konzentration entfaltet es
seine heilende Wirkung. Es braucht Zeit, bis es Ihr tiefes und

---

43 Franz Jalics, Kontemplative Exerzitien, Würzburg [9]2005, 175, vgl. 174-177. Folgende
Zitate: 177.

hohes Unbewusstes durchdringt und diese Bereiche mit Ihrem Tagesbewusstsein verbindet. Wenn Sie es immer wieder wechseln, unterbrechen Sie die heilende (horizontale Integration) und die mystische Wirkung (vertikale Integration).

Am einfachsten ist es, wenn Sie mit Ihrem **Lehrer** zusammen Ihr Mantra suchen. Gespräche kürzen Experimentierphasen ab.

4.B.5 Die Sprechweise: Singen, murmeln, denken?

Alles fing mit Murmeln an

Die orthodoxen Mönche murmeln noch heute das Jesusgebet bei allen Tätigkeiten halblaut vor sich hin. Die „Aufrichtigen Erzählungen eines russischen Pilgers" beschreiben den Pilger beim murmelnden Beten, bis sich sein „Herr Jesus Christus, erbarme dich meiner" mit dem Herzschlag synchronisiert hat und ab da nonstop selbsttätig läuft.[44] Die halblaut Betenden führen damit die Meditationsweise der frühen christlichen Wüsten-Einsiedler fort. Auch sie murmelten ihre Verse beim Flechten von Seilen und Matten vor sich hin. Diese Gebetsform nennt man auf lateinisch „ruminatio". Die Einsiedler hatten bei diesem Namen Kamele vor Augen, die wie Kühe Wiederkäuer sind. „Ruminare" meint: auf etwas Herumkauen, etwas Wiederkäuen. Wahrscheinlich haben die ersten christlichen Einsiedler die Murmeltechnik vom Judentum übernommen. Denn auch jüdische Beter murmelten ihre Gebete und Meditationsverse halblaut vor sich hin. Davon zeugt noch Psalm 1 Vers 2 in Martin Bubers Bibelübersetzung: „... über seiner Weisung murmelt tages und nachts." In der hebräischen Bibel steht für „Murmeln" „hagah". „Hagah" kann auch das „Gurren" einer Taube heißen. Die spätantike lateinische Bibelübersetzung „Vulgata" (von lateinisch „vulgatus": „allgemein verbreitet") verstand diesen Fachbegriff für Meditation noch und übersetzte „hagah" richtig mit „Meditieren": „... et in lege eius meditabitur die ac nocte".[45]

---

[44] Aufrichtige Erzählungen eines russischen Pilgers, a. a. O. (Anm. 13): mündlich: S. 33, selbsttätig innerlich: ab S. 40.

[45] Ich übernehme diese Beobachtung zur Übersetzung von Bernardin Schellenberger, Die Stille atmen, Stuttgart 2005, 90.

Leider ist die mantrische Murmeltechnik im westlichen Christentum so in Vergessenheit geraten, dass selbst Fachleute diesen Vers heute nicht mehr verstehen. Die evangelischen Übersetzer (revidierter Luthertext) machen aus dem Murmeln ein Predigen: „Wohl dem, der Lust hat zum Gesetz des Herrn und *redet von* seinem Gesetz Tag und Nacht." Die „Einheitsübersetzung", die 1980 vom Katholischen Bibelwerk herausgegeben wurde, macht aus dem murmelnden Beten ein Denken: „über seine Weisung *nachsinnt* bei Tag und bei Nacht".

Kulturwandel: Innerliches statt hörbares Murmeln

Ein halblaut murmelnder Mensch würde heute auffallen. In der Antike war das kein Problem. Dort las man sogar halblaut, wenn man allein war. Es gab damals noch kein stilles Lesen. Ein halblautes Murmeln des Mantras kann die Konzentration, vor allem in den ersten Übungstagen, erhöhen. Denn wer sich beim Sprechen zuhört, kann nebenher schwerer an anderes denken. Für ein halblautes Beten außerhalb der Wohnung rate ich scherzhaft dazu, sich ein Handy ans Ohr zu halten oder ein Headset zu tragen, um nicht aufzufallen.

Das Mantra singen?

⌘ „Ich habe sofort an ein gesungenes Kyrie gedacht, es gibt ja sehr verschiedene. Ich finde diese Vielfalt bei immer dem gleichen Text faszinierend. Passt das nicht am besten, wenn ich in verschiedenen Vertonungen immer dasselbe singe?"

Dass das Jesusgebet nicht gesungen wird,[46] fällt bei der Singfreudigkeit christlicher Mönche auf. Auch die orthodoxen Christen tun nichts lieber als zu singen – sie singen *alles* in der Liturgie. Nur nicht das Jesusgebet! Warum?

Wenn Sie Ihr Mantra singen, dann verwandeln Sie es in eine Gefühls-Übung. Mantren zu singen, tut gut. Aber dann vollziehen Sie keine rein geistige Übung mehr. Sie trainieren dann nicht mehr auf der mentalen Ebene. Das Training auf der mentalen Stufe zeichnet sich gerade durch den Verzicht auf Gefühle aus. Wir versuchen uns – wie der Zen-Buddhist im Atemstrom – in einem einzigen Gedanken oder Wort sammeln.

Es spricht nichts dagegen, wenn Sie *zusätzlich* zu Ihrem gedanklich *gesprochenen* Mantra andere Mantren singen. Ich singe morgens und abends die Psalmen aus dem Morgen- und Nachtgebet der Benediktiner. Dadurch erhält jeder Wochentag seine eigene Klangfarbe.

---

[46] Infomation von Carol Lupu: „Es gibt tatsächlich, auch auf dem Athos, die Tradition, das Jesusgebet mit einem ‚Ison' [gleichbleibenden Sington – SB] zu beten. Das klingt dann ähnlich wie das OM der Buddhisten. Aber: Alle Mönche warnen vor dieser Art des Betens. Wenn, dann soll das Jesusgebet nur kurz in dieser Form gebetet werden. Es gibt also die Verbindung zu einem Sington. Aber sie wird kaum praktiziert, weil das die Emotionalität anspricht und nicht den Geist."

4.B.6 Ein Weg der bildlosen Mystik

Die *Gefühle* trainieren wir über Bilder. Unseren *Geist* trainieren wir bildlos. Der Wüsteneinsiedler und Theologe der bildlosen Mystik *Evagrius Ponticus* schreibt dazu: „Stelle dir die Gottheit nicht als Bild vor. Halte deinen Geist überhaupt frei von jeglicher Form."[47] Lichtblitze, Visionen, Stimmen, Bilder und Gedanken, die uns dabei kommen, sollen wir schlicht ignorieren wie die vorbeiziehende Landschaft bei einer Fahrt auf der Autobahn. Wir wollen ans Ziel gelangen. Dieses Ziel beschreibt Evagrius mit den Worten: „Wenn der Geist des Menschen sein eigenes Licht zu sehen beginnt . . . " Unser ganz ruhig gewordener Geist gleicht dann „einem Saphir . . . , der klar und hell wie der Himmel leuchtet".[48]

Die Wüsten-Einsiedler im 4. Jahrhundert stritten sich noch erbittert untereinander und mit Bischöfen darüber, wie wichtig das jüdische Bilderverbot für Christen sei. Immerhin gelten die jüdischen 10 Gebote ja auch für Christen. Im zweiten Gebot heißt es: „Du sollst dir kein Gottesbild machen" (2. Buch Mose 20,4).

Am Anfang des 4. Jahrhunderts erteilte Bischof *Eusebius von Cäsarea* einer Schwester des Kaisers Konstantin, der Konstantia, noch eine klare Absage, als sie ihn bat, ihr ein Christusbild zu schicken. Eusebs Argumentation ist klar: Kein Künstler kann die ursprüngliche Gestalt des *Gottessohns* malen. „Wer auch immer könnte den hellen, strahlenden Glanz solcher Würde und Herrlichkeit mit toten, unbeseelten Farben und Linien wiedergeben, wenn

---

[47] Evagrius Ponticus, Praktikos. Über das Gebet, übersetzt von John Eudes Bamberger/Guido Joos, Münsterschwarzach 1986 (Schriften zur Kontemplation; 2), Zitat: Vom Gebet, Kap. 66, S. 102.

[48] Beide Zitate: Evagrius Ponticus, a. a. O., S. 19f.

nicht einmal die göttlichen Jünger den so Gesehenen anzuschauen ertragen konnten, die auf ihr Gesicht fielen und damit bekannten, dass das Gesehene ihnen nicht ertragbar sei?"[49]

Und würden Künstler sich auf die *menschliche* Gestalt Jesu konzentrieren, dann würden sie das Entscheidende an Jesu Identität fortlassen. Sie wären dann „Götzenmacher", die lediglich ein „Männlein malen". Es käme zu einem reinen Personenkult. Auch Jesu Menschsein bleibt unauflöslich von der Ewig-Jetzigen Gottheit durchstrahlt. „Also ist auch die ... Knechtsgestalt völlig in sein unaussprechliches und unsagbares Licht verwandelt, ein Licht, das dem Gott-Logos zukommt".[50] Diese unauflösliche Identität strahlt in der Verklärungsgeschichte (Matthäus 17,1-13) durch und findet in der Transformation des Sterblichen in der Himmelfahrt ihre Pointe. Das Ziel des Christen bleibt ein mystisches: selbst so transformiert zu werden, dass er Christus ähnlich wird und ihn geistig schauen kann. Alles andere läuft nach Euseb Gefahr, im Heidentum zu enden. Denn nicht einmal vom Menschen Jesus haben wir ein authentisches Bild. Uns fehlen Informationen über sein Gesicht, die Körperhöhe, besondere Körpermerkmale und ein Autogramm.

„Vor allem im Kernfeld des Ausweises – Bild und Unterschrift – lassen die biblischen Quellen die Christologie gänzlich im Stich. Sie enthalten keinerlei Auskunft darüber, wie Jesus ausgesehen hat, geschweige denn ein Bild von ihm. Die Evangelien erwähnen wohl den Blick, mit dem er die Menschen ansah, bestimmend, zornig, gewinnend (vgl. Mt 19,26 par.; Mk 3,5; 8,33; 10,21; Lk 22,61),

---

[49] Zitiert nach: Alex Stock, Poetische Dogmatik. Christologie, Bd. 2: Schrift und Gesicht, Paderborn 1996, 96. Vgl. 95ff.
[50] Zitate: ebd.

aber von der Physiognomie, aus der dieser Blick kam, erfahren wir nichts."[51] „Der salvator ist nennbar, aber nicht zu sehen. Der Beter hat den Namen, aber nicht das Gesicht."[52]

Die theologische Argumentation *für* Gottesbilder war ein Kompromiss, als das Christentum zur staatstragenden Massenreligion wurde. Im 6. Jahrhundert tauchen Legenden über „nicht von Menschenhand gemachte" Bilder Christi auf (griechisch „Acheiropoieton").[53] Damit werden die ersten Christusbilder in die Linie numinoser Objekte gestellt wie vom Himmel gefallene Steine (Meteoriten) oder wundersam gewachsene Hölzer, die gleichfalls nicht von Menschen gemacht, sondern vorgefunden und dann verehrt wurden. Die ersten Christusbilder fanden rasch ihren militärischen Einsatz als Feldzeichen, das dem Heer im Heiligen Krieg voranzieht.

Die bildlose Theologie des Evagrius und mantrischer Beter wie Johannes Cassian war in heftige Streitigkeiten verwickelt. Die Wüste blieb keineswegs ein friedlicher Ort. 399, ein Jahr nach dem Tod des Evagrius, wurden die Anhänger einer bildlosen Mystik mit militärischer Gewalt aus der ägyptischen Wüste vertrieben.[54] 401 floh auch Johannes Cassian. Mit dem Sieg der sogenannten „Anthropomorphiten", die Gott in bildlicher Gestalt anbeteten, wurden die Schriften des Origenes als theologische Grundlage, und die seiner großen Schüler Evagrius und Cassian fortan kaum noch namentlich zitiert. Im Untergrund wirkten sie dennoch weiter.

Die „Collationes" („Unterredungen mit den Vätern") von Johannes Cassian zeugen noch vom Donnergrollen dieses Grundlagenstreits um die bildlose Mystik. Im wichtigsten Kapitel, Coll. X,1-6, setzt

---

[51] A. a. O., 10.

[52] Alex Stock, Poetische Dogmatik. Christologie, Bd. 1: Namen, Paderborn 1995, 84.

[53] Vgl. Stock, a. a. O. (Anm. 49), Bd. 2, 105ff, 109ff.

[54] Vgl. Peter Dyckhoff, Gebet als Quelle des Lebens. Systematisch-theologische Untersuchung des Ruhegebetes ausgehend von Johannes Cassian, München 2006, 148-152.

Cassian mit seiner Position im Streit der Wüsten-Einsiedler ein. Für den Mystiker der Bildlosigkeit handelt es sich beim Bild-bezogenen Beten um eine „große Gotteslästerung und Schädigung des katholischen Glaubens"[55] und um die „schlimmste Irrlehre".[56] Er sieht den Ursprung dieser Tradition in heidnischen Kulten, für die Götterbilder konstitutiv sind. „Entsprechend der Gepflogenheit jenes Irrtums, derzufolge [die Menschen] Dämonen in Menschengestalt verehrten, glaubten sie auch, jene unfassbare und nicht mit Worten zu beschreibende Majestät der wahren Gottheit in den Umrissen einer körperlichen Gestalt anbeten zu müssen. Diese [Menschen] glauben nämlich, nichts zu haben, an das sie sich halten können, wenn sie nicht irgendein Bild vor sich hinstellen, das sie beim Gebet ständig anrufen, im Geist mit sich herumtragen und sich immer vor Augen stellen."[57] Cassian hält demgegenüber am Ziel der bildlosen Mystik fest: Gott zu schauen mit dem „inneren Auge der Seele".[58] Hierfür muss der Mensch seinen Geist weiterentwickeln. Wer die materielle Wirklichkeit absolut setzt, läuft Gefahr, Gott auf einer „niedrigen" Stufe zu verherrlichen und ihn mit „irdischen und materiellen Dingen" zu verwechseln. Erst das „reine Auge der Seele" schaut „den Glanz seines Angesichts und das Bild seiner Verklärung".[59]

Der Weg der Bildermystik birgt viele Gefahren: Suggestion, das Übertragen zwischenmenschlicher Erfahrungen auf Gott, ein Verharren beim vordergründig Sichtbaren. Die Mystik des Jesusgebets betrachtet alle Bilder und gedanklichen Vorstellungen als ein Hindernis. Hierin gleicht sie dem Zen-Weg. „Wenn Dir unterwegs Buddha begegnet, schlag ihn tot" (Rinzai).

---

[55] Cassian, Unterredungen mit den Vätern, Coll. X,1, S. 301.
[56] A. a. O., Coll. X,2, S. 302.
[57] A. a. O., Coll. X,5, S. 304.
[58] A. a. O., Coll. X,6, S. 305.
[59] A. a. O., Coll. X,6, S. 306.

Anfangs ist der Jesus-Name ein reiner Konzentrationspunkt beim Üben. Lassen Sie den Angesprochenen den Unbekannten bleiben. Alles andere ergibt sich, wie auf einer Reise an einen unbekannten Ort.

Ich werde oft gefragt, ob ich bei dieser Gebetsform wirklich kein Bild verwende. Ich verwende tatsächlich kein Bild. Mein eigener Weg verlief so, dass ich durch das leere Sprechen des Namens zunehmend ruhig wurde. In Phasen tiefer Stille wurde ich manchmal berührt von einem Kraftfeld aus Liebe. Oder es kam ein Satz in meinen Kopf wie: „Was Du aus Liebe getan hast, hat Bestand für die Ewigkeit." Bei jeder und jedem mag dieser Weg anders verlaufen. Wir sollen, dem Zen-Weg vergleichbar, auch solche Erfahrungen loslassen und weitergehen. Sonst begnügen wir uns, wie Evagrius sagt, mit dem Rauch und verzichten auf das Feuer.

Wichtiger als Bilder und Gedanken ist das Nicht-Denken, das Hingeben aller eigenen Vorstellungen und Bilder über Gott an Gott. Vorwissen wird der Begegnung im Wege stehen. Wir sind gefährdet, unsere Bilder und Gedanken *über* Gott mit Gott zu verwechseln. In diesem Sinne müssen wir, mit Meister Eckart, „Gott los" werden, um Gott zu finden.

Um in der Bildlosigkeit die richtige Richtung beizubehalten, genügt der Name. Die jüdische und die christliche Ur-Tradition sind sich darin einig, dass der Name Gottes ein Kraftfeld ist. Er wird sich selbst bekannt machen.

⌘ „Ich tat mich mit meiner katholischen Erziehung und einem strafenden Gottesbild schwer. Ich zweifelte, lehnte ab und fand lange keinen Zugang. Gott war angeblich überall, doch ich spürte ihn weder im sonntäglichen Kirchgang, noch beim Tischgebet, noch bei traditionellen Festen. Jetzt, nach Entdeckung des Herzensgebets, empfinde ich die Beziehung zu Gott als leicht, oftmals leichter als die zu Menschen. Wir Menschen projizieren unsere Erwartungen auf andere, verwechseln Illusion mit Wirklichkeit, müssen dann noch feststellen, dass es keine objektive Wirklichkeit, ja gar mehrere Wirklichkeiten gibt, tappen in Fallen von Missverständnissen und Enttäuschungen. Diese Fallstricke gibt es in der Beziehung zu Gott nicht. Die Beziehung zwischen Gott und mir als Mensch ist klar, ist verlässliche Liebe. Sie ist da, weil Gott ‚Der Seiende‘, ist, ER ist. Gott ist mit mir, so wie ich bin, insbesondere, wenn ich mich von IHM entferne. Dieses Wissen um seine immerwährende Liebe ist das Fundament meines Lebenshauses und trägt meinen Alltag."

Legen Sie auch alle Bilder von sich selbst ab!
Stereotypen und Kategorien schaffen Ordnung und geben Halt. Doch sie neigen dazu, den Blick auf die lebendige Wirklichkeit zu verstellen. Das gilt nicht nur für Gott. Das gilt ebenso für uns selbst und die Suche nach unserem wahren Selbst. Woher wissen wir, wer wir sind? Die religiösen Traditionen sprechen von einem Geheimnis, das im Menschen selbst verborgen liegt. Jesus lehrt, dass das Reich Gottes *in uns* ist. (Lukas 17,21) Er zitiert sogar das Psalmwort über den Menschen: „Götter seid ihr" (Johannes 10,34). Immer wieder umkreist er unser Geheimnis in seinen Gleichnissen. Wir sind wie Königskinder, die ihre königliche Abstammung vergessen haben. Jesus spiegelt unser wahres Wesen.
Die christlichen Mystiker haben immer um dieses Geheimnis gewusst. Im 4. Jahrhundert sprachen Mönche und Theologen noch von „*Theosis*" – der Vergöttlichung als Ziel des Menschen. Wir werden, was wir sind. Weil wir die Verbindung verloren haben, erscheint uns unser wahres Wesen unerreichbar fern. Wer sich findet, erlebt unendliches Glück. Nichts erscheint natürlicher als die Erleuchtung durch unser inneres göttliches Licht. Durchbrüche dorthin verwandeln uns wie Nahtoderlebnisse. Dieser innere Bereich erscheint uns fortan wirklicher als die uns umgebende Kultur. Erst

eine aus unserer Mitte wachsende Liebe überbrückt die entstandene Kluft zwischen dem Alltags-Ich mit seinen Lebensbezügen und unserem wahren Selbst wieder.

Um mittig zu werden, müssen wir die Selbstbilder ablegen. Der Psychoanalytiker *Roberto Assagioli* (1888-1974) hat diesen bildlosen Weg in den Sätzen zusammengefasst: „Ich habe einen Körper, aber ich bin nicht mein Körper. Ich habe Gefühle, aber ich bin nicht meine Gefühle. Ich habe Wünsche, aber ich bin nicht meine Wünsche. Ich habe einen Geist, aber ich bin nicht mein Geist. Ich bin ein Zentrum aus reinem Bewusstsein."[60]

Wir sind in unserer tiefsten Mitte bildlose Wesen. Unsere Seele nährt sich durch Bilder und webt ständig Bilder. Unser Geist aber ist reines Bewusstsein. Wenn die Gefühle ruhig werden und wir uns von ihren Bildern nicht mehr bannen lassen, dann tritt der Geist als klarer Spiegelgrund unseres eigenen Wesens hervor. Wir werden uns unserer innersten Mitte bewusst. Deswegen ist der mystische Weg bildlos. Für die Heilung der Gefühlswelt bleiben Bilder wichtig. Aber wir gehen weiter zur Bildlosigkeit.

---

[60] In: Rachel Harris, Relaxed! Die große Kraft der kleinen Pausen, Bauer Verlag, 2001, 296.

4.B.7   Gott atmen

Die Aufteilung der Worte zum Atemrhythmus

Die Aufteilung des Jesusgebets in „Jesus" beim Ausatmen und „Christus" beim Einatmen ist nur ein Vorschlag. Wer beim Üben den Eindruck hat, dass ihn diese Reihenfolge aus dem Takt bringt, kann sie umkehren.

Leichtes Einüben bei rhythmischen Tätigkeiten

⌘   *Joggen*: „Ich jogge mit dem Jesusgebet. Beim Joggen achte ich sowieso auf die Atmung, und so bietet es sich an, diese Worte dabei innerlich zu sprechen. Ich laufe dadurch nicht länger oder schneller. Trotzdem ist es wie eine Stütze."

⌘   *Wandern und Spazierengehen*: „Eines meiner Lieblingshobbys ist das Wandern und Spazieren. Da kann man auch su=per das Jesusgebet üben. Ich werde dadurch ausdauernder. Ich merke beim Beten kaum Müdigkeit, ich fühle mich gesünder und intensiv da."

Probleme mit der Atemkopplung

Es gibt Menschen, denen fällt es auf Anhieb leicht, Worte und Atmung harmonisch zusammen zu denken. Andere üben besser erst nur mit dem Atem *oder* nur mit dem inneren Sprechen des Mantras. Erzwingen Sie nichts. Wenn Sie sich anstrengen und zu etwas zwingen, dann verändern Sie den natürlichen Atem. Damit kommen Sie eher in Atemnot statt in Ihre Wesensmitte.

⌘   „Als Mantra benutze ich das Jesusgebet. Mit dem Text habe ich – geprägt durch die katholische Kirche – überhaupt keine Schwierigkeiten. Es gelingt mir jedoch überhaupt nicht, Worte und Atmung in Übereinstimmung zu bringen, obwohl ich vieles ausprobiert habe. Erst habe ich das Mantra oft wiederholt, dann versucht, an der richtigen Stelle einzuatmen. Missglückt. Daraufhin habe ich versucht, mich zunächst auf das Atmen zu konzentrieren, bis es gleichmäßig, ohne Druck, ganz natürlich erfolgt. Dann habe ich mit dem Mantra begonnen. Schon stockte der Atem, ich atmete hastig hinterher. Nach vielen vergeblichen Versuchen habe ich meine Bemühungen eingestellt. Entweder es gelingt mir irgendwann – oder auch nicht. Ich konzentriere mich auf das Mantra und warte die weitere Entwicklung ab."

Die gelassene Haltung ermöglicht, dass sich die Atemkopplung von selbst einstellt.

⌘ „Nach relativ kurzer Zeit erlebte ich dann die erste ‚andersartige' Erfahrung. Ich merkte plötzlich, so ganz nebenbei, kurz meinen Gedanken lauschend, dass ich tatsächlich ‚Jesus Christus' atme. Irgendwie ist da was zusammengewachsen. Es ist nicht so, dass ich *Jesus Christus* denke, so wie ich es am Anfang angestrengt versucht habe, ich atme diese zwei Worte – irgendwie."

⌘ „Die Sache mit dem Atem ist so: Manchmal verbindet sich das Jesusgebet von allein damit, dann lasse ich das geschehen. Alles andere wäre, wie wenn jemand bei einem Fest die Stühle hochstellt und die Musik ausdreht. Wenn ich das mit dem Atem und dem Puls dagegen forciere, ist es zu viel des Guten und führt zu nichts Gutem wie bei zu viel Alkohol vielleicht."

Kann der Atem in tiefer Ruhe aussetzen?

Sowohl beim mantrischen Beten als auch in tiefen Entspannungszuständen bei der Gefühls-Übung kann das Empfinden auftreten, als würde der Atem aussetzen.

⌘ „Momentan mache ich vermehrt die Ruheübung mit dem inneren Bild, um meiner Prüfungsnervosität etwas entgegen zu wirken. Manchmal kommt es währenddessen zu einem kleinen Atemstillstand, also ich traue mich dann (nur für ein paar Sekunden) gar nicht mehr zu atmen. Dadurch wird die Ruheübung, zumindest zunächst, etwas uneffektiv. Es ist eigentlich nicht so beängstigend wie es vielleicht den Anschein erweckt, weil ich das wirklich nach wenigen Sekunden wahrnehme. Allerdings mag ich nun die Ruheübung gar nicht mehr machen, obwohl das nur vereinzelt passiert. Was mache ich in solchen Momenten falsch?"

Atemtherapeuten und Meditationslehrer kennen das Phänomen und können Sie beruhigen: Ihr Atem steht nicht still. In tiefen Ruhephasen setzt lediglich Ihre Wahrnehmung aus. Sie werden also nicht beim Meditieren ersticken. Der Meditationslehrer Jochen Steurer meint dazu: „Bei der Verknüpfung von Mantra-Wiederholung und Atemrhythmus kommt es in nicht wenigen Fällen zu einem Zustand, der als Atemstillstand wahrgenommen wird. Dies bahnt sich bisweilen durch einen ruhigen Atem, durch eine stark verringerte Atemfrequenz und einen verlängerten Ausatem an. Wenn der Atem dann recht still wird, kommt es dem Meditierenden so vor, als würde er über mehrere Atem-Takte hinweg vollständig aufhören zu atmen. Es findet aber kein Atemstillstand statt. Es kommt dem Meditierenden nur so vor, da das Moment der Bewegung und bisweilen auch der Rhythmus entfällt. Es tritt dann bei einigen plötzliche Panik und Todesangst auf. Der befürchtete Tod durch Atemstillstand bei der Meditation ist organisch-medizinisch nicht möglich. Dies allein schon zu wissen, löst bei einigen Panik auf."[61]

---

[61] Jochen Steurer, Mantra-Meditation und ihre Folgen, in: Wege zum Menschen (54) 2002, 80-91, 89. Die folgenden beiden Zitate: ebd.

Schlimmstenfalls könnten Sie ohnmächtig werden, doch gerade in der Ohnmacht atmen Sie wieder normal. „Selbst bei einer Ohnmacht würde der Atemzyklus neu beginnen. Das Phänomen ist ein reines Wahrnehmungsproblem. Es markiert den Übergang von der Ruhe in der Meditation in einen Zustand der Stille und der völligen Gedankenfreiheit."[62]

Steurer rät Menschen, bei denen sich solche tiefen Ruhezustände anbahnen, zu Hilfsmantren wie „Alles ist in Ordnung" und zur Arbeit mit dem Bild: „Spüren Sie, wie anstelle von Luft nun Stille mit dem Atmen in Sie eintritt."[63]

Kopplung mit dem Puls und Visualisieren des Herzens?

Der Pilger in den „Aufrichtigen Erzählungen eines russischen Pilgers" arbeitet zusätzlich zur Atemkopplung mit der alten Technik der Visualisierung des Herzens. Einen blinden Mitpilger führt er mit folgenden Worten in diese alte Technik ein:

„... stelle dir genauso das Herz vor, richte deine Augen dorthin, als blicktest du es durch die Brust durch an, und stelle es dir so lebhaft als möglich vor; horche aber möglichst aufmerksam mit den Ohren, wie es sich regt und Mal für Mal schlägt. Wenn du dich da hineingefunden hast, so beginne mit jedem Schlage des Herzens, in dieses hineinblickend, die Gebetsworte dem anzupassen. Beim ersten Schlage sage oder denke: Herr, beim zweiten: Jesus, beim dritten: Christus, beim vierten: erbarme dich, beim fünften: meiner, und wiederhole dies sooft als möglich; es wird dir dies leichtfallen, denn du hast ja schon den Anfang gemacht und dich auf das Herzensgebet vorbereitet.

---

[62] Ebd.
[63] Ebd.

Wenn du dich aber daran gewöhnt hast, so beginne das ganze Jesusgebet zugleich mit dem Atem ins Herz hinein und wieder heraus zu führen, wie es die Väter lehren, das heißt, sage, wenn du die Luft einatmest, oder denke dir: Herr Jesus Christus, lässt du sie aber entweichen – erbarme dich meiner. Tue dieses sooft als möglich, so wirst du bald einen feinen, angenehmen Schmerz im Herzen spüren, alsdann wird sich eine Wärme darin ausbreiten."[64]

Das Jesusgebet hat wegen dieser Visualisierungstechnik, die zu einer automatischen Kopplung des Betens an den Herzschlag führt, auch den Namen „Herzensgebet" erhalten.

Gerade weil diese Technik sehr effektiv ist, rate ich Ihnen dringend davon ab. Sie rasen dann mit einem Tempo auf Ihrem Entwicklungsweg entlang, bei dem Ihnen rasch die Kontrolle entgleiten kann (vgl. Kapitel 6). Ferner löst eine längere Konzentration auf die Herzgegend bei vielen Menschen Herzschmerzen und Beklemmungsgefühle im Brustkorb aus. Dies geschieht mitunter sogar bei Übenden, die sich versehentlich auf ihr Herz konzentriert haben. Wenn Sie dazu neigen und unter diesen Folgen leiden, konzentrieren Sie sich lieber auf den Bauchraum.

Es gibt Menschen, bei denen sich die Rhythmisierung von Atem und Puls von selbst einstellt. Sie sollte dann nicht unterdrückt werden.

⌘ „Zum Beispiel habe ich beim Joggen einen Rhythmus mit dem Mantra ausprobiert. Der Atem fügt sich sowieso immer irgendwie ein, mit dem gehe ich ja jeden Tag im Job selbstverständlich um, und als ich mal meinen Puls besonders deutlich gefühlt habe, hat er sich fast von selbst mit dem Mantra verbunden. Ich habe nichts forciert, da war ich ja gewarnt, aber ich habe auch nichts gebremst."

---

[64] Aufrichtige Erzählungen eines russischen Pilgers, hg. v. E. Jungclaussen, Freiburg 2010, 112f, vgl. 40.

4.B.8 Probleme und Lösungen

Auf individuelle Übungs-Varianten kann dieses Buch nur einge-
schränkt eingehen. Für den ersten Monat nach dem Kurs benötigen
viele einen Lehrer, mit dem sie die Übungen an ihren Alltag und ihren Charakter anpassen. Für die mystische Stufe benötigen *alle* die
Begleitung durch einen Lehrer, um die neuen Erfahrungen integrie-
ren zu können. Im Folgenden greife ich lediglich häufig gestellte
Fragen auf.

**Ich schaffe weder in Ruhe noch nebenher im Alltag mich zu
konzentrieren**

Ich schlage Ihnen zwei Lösungsansätze vor. Sie können sie auch
miteinander kombinieren.

1. Das Mantra in Bewegung sprechen: Kinder und manche Erwachsene konzentrieren sich am besten bei Bewegung. Beim Wandern,
Joggen, Radfahren finden die bewegten Meditierer ihre Lieblings-
zeit.

2. Zunächst die Gefühle klären: Üben Sie zunächst vorrangig mit
der Gefühls-Übung. Hier haben Sie ein Bild als Konzentrationshil-
fe. Wenn sich Ihre Gefühle durch Üben auf dieser Ebene beruhigt
haben, wird Ihnen die gedankliche Konzentration leichter fallen.

Meine Gedanken rasen trotz Mantra-Sprechen weiter

⌘ „Meditieren erscheint erstmal sehr einfach – man nimmt eine
bequeme, aufrechte Position ein, achtet auf seinen Atem, kommt
innerlich zur Ruhe und spricht ein Mantra. Ja .... Beim Einatmen
spreche ich ‚Christus‘, beim Ausatmen ‚Jesus‘. ‚Christus Jesus
Christus Jesus ...‘ Ein paar Sekunden klappt es schon ganz gut,
aber irgendwie ist die Sitzposition doch nicht so bequem ... Hab
ich noch eine Kerze an? Ich meine, so mit geschlossenen Augen

132

ist das ja nicht ungefährlich ... kurz mal linsen ... Alles gut. ‚Christus Jesus Christus Jesus Christus Jesus ...' Mir wird ein bisschen schwindelig, das passt noch nicht so richtig zusammen – mein Atem und das Mantra. ‚Christus Jesus Christus Jesus ...' Wie lange ich wohl schon so meditiere?! ‚Christus Jesus Christus Jesus CHRISTUS JESUS ...'

So habe ich angefangen zu meditieren. So ähnlich ging es die folgenden Tage weiter. ‚Oh, ein Eichhörnchen. Das ist ja süß!' Dann habe ich einen Tag völlig vergessen, dass ich meditieren wollte, keine Zeit, so viel zu tun ... Ja, ich bin unglaublich leicht abzulenken."

Das Mantra spiegelt uns, wie viele Gedanken in uns rasen und wie stark wir zum Grübeln neigen. All diese Gedanken und Grübeleien verdecken *ständig* das Hier und Jetzt – sie entstehen nicht erst durch das Mantra.

Akzeptieren Sie einfach diesen Lärm. Er hat sie bisher ständig begleitet. Wenn Sie ihn plötzlich zu bekämpfen versuchen, wird er nur stärker. Das, dem wir Aufmerksamkeit schenken, wird uns formen. Wir machen daher das Gegenteil: Wir sprechen das Mantra *trotz* Gedankenlärm und Hintergrundrauschen weiter. Wir üben unverdrossen in der Hoffnung auf bessere Zeiten. Die Hoffnung ist berechtigt. Denn indem wir unsere Alltagslücken zunehmend mit dem Sprechen des Mantras füllen, schwächen wir die Grübelschleifen.

⌘ „Leider klappen die Meditationen noch nicht so gut, da bei mir zu viele Gedanken im Kopf herumschwirren. Ich bin immer ungeduldig mit mir und möchte, dass alles sofort funktioniert. Ich habe mir aber fest vorgenommen, weiterhin regelmäßig die Meditationen morgens und abends durchzuführen. Ich bin sicher, irgendwann gelingen sie besser."

Ich schaffe es nur, das Mantra für 30 Sekunden zu sprechen

Akzeptieren Sie es. Es ist, als würden Sie übergewichtig mit Joggen anfangen. Statt griesgrämiger langer Übungszeiten bewähren sich viele kurze Trainings-Intervalle. Wem 2 Minuten zu lang sind, der übt eben mit 10-Sekunden-Intervallen.

Gebetskette

Manchen kann auch eine Gebetskette (Rosenkranz, Mala, Tasbih) helfen, um sich beim inneren Sprechen leichter konzentrieren zu können.

⌘ „Ich bin wieder zu den Perlenketten zurückgekehrt. Wenn ich nur mit dem Atem übe, schweife ich leichter ab. Jetzt nehme ich manchmal die Ketten, manchmal den Atem."

4.B.9 Wirkungen bei den Wüstenmönchen und heute

Krisenfest werden

Die Mönche gingen in die Wüste, nicht weil sie so romantisch ist, sondern extrem öde – reizlos. Reizarmut überfordert Menschen rasch. Extremer Reizentzug wird sogar zur Folter eingesetzt. Menschen können dabei wahnsinnig werden.

Vom Wahnsinn der Wüste berichten auch die ersten Einsiedler. Wo es außer Tag und Nacht kaum Abwechslung gibt – tagaus tagein –, dort treten innere Gespenster nach außen. Die Grenze zwischen Innen- und Außenwelt beginnt zu verschwimmen. Der einsame Alltag in der Wüste war ein Leben am Rande des Wahnsinns.

Noch heute beschreiben Menschen, die ihr Leben zur Gottsuche in Einsamkeit und Schweigen verbringen, die Krisen, die sie dabei durchleiden. „Einsamkeit konzentriert, verdichtet, kann alles zerschlagen und zertrümmern, was unwichtig und unnötig ist auf dem Weg zu Gott. Nur ab und zu einige Tage Stille können jedoch das Maß dieser Auseinandersetzung kaum spürbar werden lassen."[65] Eine Einsiedlerin schreibt: „Dazu kommt noch die Angst, oder besser die Ängste. In manchen Phasen hat man das Gefühl, die werden nicht weniger, sondern mehr. In einer der heftigsten Auseinandersetzungen mit mir bin ich mehrmals des Nachts aufgewacht, schweißgebadet und dachte nur: Sie holen dich! In solchen Krisenzeiten … nicht wegzulaufen oder zu verdrängen, sich schnell in eine Arbeit zu flüchten oder in den Schlaf, das ist eine große Herausforderung."[66]

---

[65] Maria Anna Leenen, Einsam und allein? Eremiten in Deutschland, Münster 2006, 106.
[66] Zitiert in: Leenen, a. a. O., 71f.

Der Mönch Thomas Merton beschreibt seine Erfahrungen: „Das ist ein dürrer, felsiger, finsterer Bereich der Seele, der zuweilen von fremdartigen Feuern erhellt wird, vor denen sich die Menschen fürchten und in dem sich Gespenster tummeln, die die Menschen sorgfältig meiden und denen sie nur in ihren Alpträumen begegnen."[67]

Das mantrische Beten bewahrte die Eremiten der Wüste davor, wahnsinnig zu werden. Sie murmelten nonstop ihren Vers vor sich hin und ließen sich von Visionen, Stimmen oder depressiven Abstürzen nicht mitreißen. Die Murmel-Technik galt als Schutz gegen Angriffe des Bösen, gegen eigene Versuchungen und geistige Verwirrung. Die Experten der Wüste waren sich darin einig: Ein Christentum im Kopf, das lediglich aus Gedankengebäuden besteht, wird in Krisen einstürzen. Ein gedanklicher Vielfraß verdaut nichts richtig. Das Murmeln eines einzigen Verses hingegen lässt den Inhalt in Fleisch und Blut übergehen. Das Unbewusste wird davon durchtränkt. Dadurch entsteht eine ruhige, andauernde Verbundenheit mit Gott im bildlosen und gedankenfreien Bereich. Sie übersteht auch Krisen.

Altmeister Cassian zur Wirkung

Der Meister der Wüste Cassian nennt den mantrischen Vers „spiritalis theoriae formula", zu deutsch: „Gebetsform für das Schauen im Geist"[68]. Cassian war so begeistert von der Technik, die er bei den ägyptischen Mönchen lernte, dass er sie an das Mönchtum im weströmischen Reich vermittelte. In seinem Buch „Unterredungen mit den Vätern. Collationes Patrum" beschreibt er diese Gebetsweise näher und geht dabei auch auf Wirkungen ein. Das ständige

---

[67] Zitiert in: Leenen, a. a. O., 73.
[68] Johannes Cassian, Unterredungen mit den Vätern. Collationes Patrum. Teil 1: Collationes 1 bis 10, Quellen der Spiritualität, Bd. 5, Münsterschwarzach 2011, Coll. X,10, S. 310.

Murmeln einer einzigen Formel verhindert das Herumwandern des Geistes. Ohne mentale Sammlung bleibt das Meditieren heiliger Texte oberflächlich, und auch andere spirituelle Übungen bleiben fruchtlos. Wenn ein zerstreuter Mönch „zum Beispiel betet, denkt er an einen Psalm oder eine Lesung; wenn er singt, grübelt er über etwas anderes, als der Text dieses Psalms enthält; wenn er die Lesung vorträgt, überlegt er, was er tun soll, oder erinnert sich an etwas, das er getan hat."[69]

Wer vorher keine mentale Sammlung trainiert hat, wird auch während des Betens und Meditierens zerstreut bleiben. Wer hingegen die ständige Konzentration in einem Gebetsmantra übt, dessen Geist wird durch „unaufhörliche und ständige Wiederholung gestärkt".[70] Cassian vergleicht diesen Menschen mit einem wehrhaften Klippdachs. Die unablässige Sammlung schützt ihn. Ja, solch ein Mönch werde zum „Drachentöter ..., indem er Satan zermalmt und mit Füßen tritt".[71] Negative Gedanken finden in ihm keinen Raum.

Die ständige Sammlung des Geistes in Gott führt zur Unio mit Gott, in „jene Einheit, die nun zwischen Vater und Sohn besteht". Es wird eine Einheit in „reiner und unauflöslicher Liebe" sein, die das Ziel vorweg nimmt: „Damit alle eins sind, wie wir [Vater und Sohn] eins sind; ich in ihnen und du in mir" (Johannes 17,22f).[72]

Dieser bildlose Weg des Gebetes führt den Geist zu einem Überstieg über das Sichtbare hinaus, zu einem „excessus mentis". Auch das Gefühlsleben wird davon verwandelt. „Dieses Gebet ist nicht nur durch keinen Blick auf ein Bild beschränkt, es wird auch nicht durch die Abfolge von Silben und Worten unterteilt. Sondern: Im

---

[69] A. a. O., Coll. X,13, S. 319.
[70] A. a. O., Coll. X,11, S. 316.
[71] Zu Klippdachs und Drachentöter: Coll. X,11, S. 316f.
[72] A. a. O., Coll. X,7, S. 307.

feuergleichen Höhenflug des Geistes wird es durch das wortlose Außer-sich-sein des Herzens in unüberbietbarer Behändigkeit des Geistes dargebracht. Der Geist, aller Sinne, alles Sichtbaren und Stofflichen enthoben, bringt es mit unaussprechlichem Seufzen und Schluchzen Gott als Opfer dar."[73]

Cassian hebt hervor, dass die Praxis leicht klingt, jedoch in der Umsetzung einige Anstrengungen kostet.[74] Dennoch kann sie ein universaler Weg sein. Denn niemand ist hier „wegen einer fehlenden Ausbildung als Wissenschaftler" oder wegen „mangelnder Bildung" ausgeschlossen. Der Weg zur „Reinheit des Herzens und der Seele" durch eine „ungeteilte Ausrichtung des Geistes auf Gott" steht allen offen.[75]

Erfahrungen von Stadt-Eremiten

⌘ „Das Jesusgebet praktiziere ich seit ungefähr einem dreiviertel Jahr morgens und abends, wenn ich daran denke, auch unterwegs. Die Gebetspraxis hat mich teilweise ruhiger und konzentrationsfähiger gemacht. Ich war sonst immer unruhig und meine Konzentration ließ schnell nach. Ich hatte auch eine niedrige Reizschwelle für Aggressionen. Das Jesusgebet hat mich umgänglicher gemacht. Manchmal kommen mir Erkenntnisse nach dem Gebet, sozusagen Gewissheiten. Manchmal aber auch im Traum. Mir träumte, dass eine Freundin schwanger sei, nur nicht welche. Also fragte ich die eine, die aber verneinte. Dann wusste ich, dass es die andere sein musste. Das stimmte auch. Solches Voraussehen von Gegebenheiten ist nicht erst durch das Jesusgebet entstanden, aber doch klarer geworden."

---

[73] A. a. O., Coll. X,11, S. 318.
[74] A. a. O., Coll. X,14, S. 320.
[75] A. a. O., Coll. X,14, S. 320f.

⌘ „Wann immer ich in schlechtes Grübeln verfalle, versuche ich lieber das Jesusgebet zu sprechen. Ich habe das Gefühl, dadurch falle ich nicht so tief, wie ich es ansonsten würde.

Letzte Woche war ich alleine Wandern. Eigentlich sollten es zwei Stunden sein. Unfreiwillig wurden vier daraus. Das war toll, mal so lange am Stück zu beten. Ich hatte das Gefühl, an dem einen Tag einen ganzen Schritt nach vorne gemacht zu haben. Seitdem bin ich von der Langformel auf die Kurzformel umgeschwenkt."

⌘ „Breite Wege, ab und zu ein schattiger Wald. Es ist herrlich hier oben! … Der Weg windet sich nun wie ein Ziegenpfad in Serpentinen den Berghang hoch. … Ich beginne, mein Mantra zu sprechen. Atmung und Worte passen im Rhythmus nicht zueinander. Mehrmals bleibe ich stehen, um wieder richtig durchzuatmen. Trinke Wasser. Gucke die Landschaft an. Gehe wieder. Beobachte die Atmung. Neuer Versuch mit dem Mantra. Etliche Versuche. Und dann gelingt es! Einfach wie von selbst!

Bemerke nach einer Weile, dass ich nicht mehr ängstlich auf den Pfad gucke, um nicht auf loses Gestein zu treten, sondern mich traue, vorausschauend zu gucken. Jetzt beginne ich wieder, die Landschaft wahrzunehmen statt nur meine müden Knochen. Hole sogar meinen weit vor mir gehenden Mann langsam wieder ein. Diesen Weg empfinde ich als einzigartig. Hierher möchte ich gerne noch einmal zurückkommen."

⌘ Bei einer Woche Auszeit im Kloster mit dem Jesusgebet: „Die ersten Veränderungen bemerke ich schon am zweiten Tag: Ich erinnere mich noch nach dem Aufstehen an meine Träume. Wunderbar. In den nächsten Tagen fühle ich mich äußerst entspannt und verspüre ein permanentes Glücksgefühl. Ob es an diesem schönen Ort oder an der Meditation liegt, kann ich nicht sagen. Zeitweise möchte ich die ganze Welt umarmen. Völlig verständnislos denke ich an Momente zurück, in denen ich Mitmenschen böse Dinge wünschte und wie oft und schnell ich von Mitmenschen genervt war."

⌘ „Das Mantra half, wenn mein Herz unruhiger schlug, sich zu beruhigen und zur Ruhe zu kommen. Nur in der Nacht vor einem wirklich aufregenden Ereignis schlug mein Herz beim mehrfachen Erwachen so stark, dass auch das Mantra nicht wirklich helfen konnte. Es tat jedoch seine Wirkung, wenn es darum ging, störende Gedanken und auch Gefühle abzumildern und verschwinden zu lassen. Dabei wuchsen Entspannung und Wohlbefinden."

5 Die spirituelle Aktivierung von Selbstheilungskräften[1]

A Kursteil

5.A.1 Ein Arzt empfiehlt Mantren – Prof. Dr. Herbert Benson

Prof. Dr. Herbert Benson, Harvard Medical School, verweist auf die zahlreichen Forschungsergebnisse zur Heilung durch Mantra-Meditation bzw. durch mantrische Gebete: „Hier sind die zahlreichen Beweise, die meine Kollegen und ich am Mind/Body Medical Institute dafür gesammelt haben":[2]

- der Bluthochdruck sinkt deutlich
- chronische Schmerzen verringern sich
- 75 % der Patienten mit Einschlafstörungen wurden geheilt und konnten wieder normal schlafen, die übrigen 25 % erlebten eine Besserung ihrer Schlafstörung
- bei Krebs- und Aidspatienten reduzierten sich die Symptome; Übelkeit und Erbrechen als Nebenwirkungen der Chemotherapie ließen sich besser unter Kontrolle halten
- bei Patienten, die unter Angstzuständen und leichten oder mittelschweren Depressionen litten, trat eine deutliche Besserung ein

---

[1] Rechtlicher Hinweis: Die in diesem Buch beschriebenen Übungen ersetzen keinen Arztbesuch und keine Therapie. Es handelt sich um spirituelle Übungen, die die Selbstheilungskräfte der Übenden aktivieren können. Nach § 3 des Heilmittelwerbegesetzes ist es untersagt, mit Heilungsversprechen zu werben. Die in diesem Buch zitierten Erlebnisberichte von Teilnehmern der MTP-Kurse und die anonymisierten genehmigten Erfahrungsberichte aus der Seelsorge schildern persönliche Erlebnisse und subjektive Ansichten. Die Worte „Heilung" und „Heilungsweg" beziehen sich im Buch auf Selbstheilungskräfte, die durch Gebet und Meditation aktiviert werden können.

[2] Herbert Benson, Heilung durch Glauben, München 1977, 176.

- bei Patienten mit Migräne reduzierten sich Häufigkeit und Heftigkeit der Anfälle.[3]

Nach Prof. Dr. Benson löst die Sammlung in einem Mantra eine „Entspannungsreaktion" aus. Diese tritt an die Stelle der alltäglichen „Kampf- oder Fluchtreaktion". Die Entspannungsreaktion bewirkt im Körper Regenerationsprozesse:

- der Stoffwechsel wird entlastet
- der Blutdruck sinkt
- die Herzfrequenz sinkt
- die Atemfrequenz wird niedriger
- die Muskeln entspannen sich.[4]

„Wenn Sie sich für eine Weile konzentrieren und sanft jeden störenden Gedanken beiseiteschieben, werden Ihr Geist und Ihr Körper plötzlich zu einem Fünf-Sterne-Luxushotel, in dem das Personal nur Ihre Erholung und Gesundheit im Auge hat. ... Dieses Team aus hervorragenden Stressbeseitigern und Entspannungsspezialisten tritt sofort in Aktion, wenn Sie Ihren alltäglichen Gedanken und Sorgen einmal keine Beachtung schenken."[5]

Prof. Dr. Benson testete folgende „Religiöse Konzentrations-Worte und Gebete":

- „Vater unser im Himmel"
- „Der Herr ist mein Hirte"
- „Gegrüßet seist du, Maria, voll der Gnade"
- „Herr Jesus Christus, erbarme dich meiner".

---

[3] Ebd.
[4] A. a. O., 158.
[5] A. a. O., 157.

Nichtreligiösen Menschen empfiehlt er für den Heilungsweg die folgenden „nichtreligiösen Konzentrationsworte":

- „Liebe"
- „Frieden"
- „Ruhe"[6]

Um Heilungsprozesse durch Mantra-Meditation einzuleiten, reichen Benson zufolge bereits 2 mal 20 Minuten tägliche Übungszeit. Benson gibt hierfür folgende Übungsanleitung:

- „Atmen Sie langsam und natürlich, und wiederholen Sie im Geiste Ihr Konzentrations-Wort oder Ihren Satz mit jedem Ausatmen.
- Nehmen Sie dabei eine passive Haltung ein. Denken Sie nicht darüber nach, ob Sie die Übung gut machen. Wenn Ihnen andere Gedanken in den Sinn kommen, sagen Sie sich einfach: ‚na schön', und kehren sanft wieder zu Ihrem Konzentrations-Wort zurück.
- Machen Sie die Übung 10 bis 20 Minuten lang.
- Machen Sie diese Übung ein- oder zweimal täglich."[7]

---

[6] A. a. O., 162f.
[7] A. a. O., 164.

5.A.2 Neben-Übung: Die Willkommens-Technik

Wenn Sie das mantrische Beten als immerwährendes Gebet praktizieren, werden Sie wach für Ihre gesamte Lebensgeschichte. Jeder
verletzte Teil ihres Lebens möchte willkommen geheißen und geheilt werden. In solchen Phasen der Bewusstwerdung empfiehlt es
sich, dass Sie die Willkommens-Technik einsetzen. Manchmal sind
es drei Tage, in denen man wie neben sich selbst steht, im Extremfall vielleicht eine Woche. Rechnen Sie von vornherein mit solchen
„schrägen Tagen".
An ihnen spüren Sie nur Dumpfheit. In ihr verbirgt sich ein starkes
Gefühl, dem Sie sich bislang nicht stellen wollten. Im Unterschied
zu früheren Situationen, die zum Fortlaufen waren, haben Sie durch
das Mantra-Üben ein starkes Beobachter-Ich entwickelt. Zusätzlich
steht Ihnen die im Folgenden erläuterte Willkommens-Technik zur
Verfügung, um das bisher Ausgeschlossene in Ihr Leben zu inte-
grieren.

Das Abgelehnte für die Liebe öffnen: Heißen Sie die abgelehnten
Gefühle oder den körperlichen Schmerz, zu dem sich die Gefühle
verfestigt haben, willkommen.
Religiöse Variante: Stellen Sie sich das Abgelehnte als dunklen
Raum vor und bitten Sie Jesus darum, ihn mit dem warmen Licht
seiner Liebe auszuleuchten. Oder entwickeln Sie ein formelhaftes
Gebet wie: „Jesus, in mir ist zurzeit nur noch (Angst/ Unruhe/ Trau-
er/ Schmerz). Ich öffne dir meinen (Schmerz/ Unruhe...). Komm du
hinein."
Nichtreligiöse Variante: Stellen Sie sich vor, wie ein warmes Licht
voller Liebe diesen dunklen Raum ausstrahlt.

144

⌘ „Manchmal habe ich das Gefühl, diese Emotionen sind wie kleine Dämonen, die einen besetzt halten. Und mir kam dann der Gedanke, dass die Übungen so etwas wie ein moderner Exorzismus sind. Im Grunde hat Jesus ja auch psychische Dämonen geheilt. Oder noch ein anderes Bild. Diese Emotionen sind wie Viren, die man durch das Jesus-Virenprogramm löschen kann."

Wegschenken negativer Gefühle in Gebetsform: Sie können eine eigene Formel entwickeln, in der Sie das Gefühl wegschenken. Damit erkennen Sie Ihren Schmerz und Ihr Gefühl an. Indem Sie das tun, distanzieren Sie sich davon. Im Wegschenken lassen Sie Ihre Gefühle und Schmerzen auch los. Die Formel könnte lauten: „Jesus, Ich schenke Dir meinen Schmerz. Nimm Du ihn."

Grundsatz: Bekämpfen Sie niemals alte ausgegrenzte Gefühle oder den körperlichen Schmerz. Dadurch verlängern Sie die Phase der Ganzwerdung. Schmerzen und „negative" Gefühle waren schon immer anwesend und Teil Ihres Lebens, auch wenn Sie sie erst jetzt bemerken. Nur indem Sie sie willkommen heißen, heilen sie.

Liebevolle Aufmerksamkeit: In diesem Heilungsprozess kann es vorkommen, dass Gefühle sich zunächst körperlich melden, ehe sie uns bewusst werden. So kann ein starkes Druckgefühl im Brustkorb auf unterdrückte Trauer hinweisen. Zusätzlich zur Willkommens-Übung empfiehlt sich dann: Senden Sie liebevolle Aufmerksamkeit in die schmerzende Körperstelle. Stellen Sie sich diesen Bereich als einen Freund vor, den Sie nicht verstehen. Senden Sie gedanklich eine Frage hinein: Wer bist Du? Danach brauchen Sie nichts zu tun als zu warten. Es kann sein, dass ein starkes Gefühl aufsteigt, innere Bilder oder eine vergessene Szene in Ihren Sinn kommen. Nehmen Sie solche ersten Eindrücke ernst. Sie sind meist der Schlüssel zu Ihrem Schmerz.

So kann ein schmerzendes Ohr, nachdem medizinische Krankheitsbilder ausgeschlossen wurden, zum Weg werden, um auf die innere Stimme zu hören. Eine Frau beschrieb dieses Hörenlernen nach Innen so:

⌘ „Bei mir ist viel in Bewegung. Seit ich Sommerferien habe, meditiere ich morgens und abends und nehme Ihre Anregung auf, meinem inneren Ohr Aufmerksamkeit zu schenken. Ich träume viel. Erfahrungen, die mich früher überforderten, werden mir bewusst, und ich kann sie jetzt viel besser annehmen und damit auch loslassen. Bestimmte biographische Zusammenhänge lerne ich in neuem Licht zu sehen. Ich gehe in ein geistiges Gespräch mit mir. Ich glaube, dieser Dialog ist heilsam für meine Ohren und verändert vielleicht mein Hören insgesamt positiv.

Ich habe das Gefühl, dass dieser Reinigungsprozess bei mir sehr lange andauert. Allerdings macht mir das mittlerweile keine Angst mehr. Im Gegenteil, ich spüre, dass dieser Weg mich schrittweise von Abhängigkeiten befreit und dass meine Wahrnehmung sich erweitert. Beispielsweise genieße ich gerade Garten, Blumen, Früchte, Kräuter, überhaupt die Natur, auf der zu Wiese liegen und nicht viel zu tun. Das Ausmisten meines Arbeitszimmers befreit auch! Mein Bewegungsradius ist äußerlich gesehen sehr gering. Manchmal erlebe ich sehr lichtvolle Meditationen, freue mich darüber und fühle mich sehr unterstützt."

Die Gefühls-Übung nutzen: Zusätzlich zur Willkommensübung haben Sie in der Gefühls-Übung ein wichtiges Steuerungsmittel. Sie sind emotionalen Tiefs nicht ausgeliefert wie früher!

Der Heilung Zeit lassen: Auch spirituelle Heilungsprozesse kosten Kraft. Gehen Sie in dieser Zeit besonders liebevoll mit sich um. Akzeptieren Sie, dass Sie zeitweise nicht mehr so viel leisten. Eine Gefahr besteht in der Flucht in viele Aktivitäten. Solche Ablenkungen blockieren den Prozess. Selbstverständlich zählt es zu einem liebevoll gestalteten Prozess, dass Sie sich zeitweise ablenken. Doch knüpfen Sie nach solchen Auszeiten wieder bewusst an den Prozess an. Wiederholen Sie häufig die Willkommensübung für alles, was Ihnen bewusst wird.

Ganz werden: „Ganz zu werden" heißt auf dem Weg des mantrischen Betens: alles zu akzeptieren, was wir je geworden sind. Der Heilungsprozess zieht sich über Jahre hin und verläuft meist phasenweise. Es gibt zwischendurch Phasen großer Klarheit, tiefer Einsichten und voller Glück. Dann lenkt unser Bewusstsein die Aufmerksamkeit auf die nächste unverheilte Wunde. Die Mystik nennt diese wechselvolle Phase „Reinigung", „purificatio".

Jemandem auf dem Reinigungsweg schrieb ich zu diesen scheinbaren Erfahrungen des Rückschritts: „Jedes Voranschreiten und heller werden leuchtet umso stärker in meine Abgründe. Damit ich zu ihnen sage: Auch das bin ich. Die kuschelige, erotische Seite mit Momenten des Verschmelzens und das Brennen vor Liebe ist das eine. Die abgründigen Erfahrungen sind die andere Seite. Ohne sie gibt es keine Mystik. Manchmal ist es an der Grenze zum Ausrasten, zum Verrücktwerden. Immer ältere Dämonen und unheimlichere Kräfte stehen mir als meine Gesellschafter gegenüber. Auch das lebt in mir. Bisher hatte ich immer das Gefühl, über dem Abgrund gehalten zu werden, wenn ich mich absolut in solch einer Nacht allein fühlte. Nur deshalb wage ich es, weiter zu gehen."

Mitten in meinem anfänglichen Reinigungsprozess ging ich eines Abends schlafen mit der Frage: Wer aus all diesen Bruchstücken bin ich? Bin ich der beruflich erfolgreiche Mensch oder das Kind voller Todesangst, das im Kriegstrauma seiner Eltern seelisch erstarrte? Bin ich der einfühlsame Mensch oder voller Hass und Wut? Im Traum sah ich eine große Kugel. Ihre Oberfläche war weitgehend unsichtbar. Nur einzelne bunte Felder markierten ihre Umrisse: Dreiecke, Kreise, Quadrate. Auch die Mitte blieb unsichtbar. Die Kugel stand auf einer Bühne. Unten im Raum saßen Zeichner. Jeder zeichnete die Kugel aus seiner Perspektive mit anderen farblichen Schattierungen.

„Ganz werden" heißt auf dem mystischen Weg: Hören Sie auf, sich zu „definieren". In „definieren" steckt „fines", „Grenze". Definitionen können etwas Unheilvolles haben, wenn sie zu viel aus unserer Identität ausgrenzen. Wir ziehen dann lediglich quer durch unser Bewusstsein eine Grenze und entziehen vielem, was wir auch sind, unsere Aufmerksamkeit. „Heil" im Sinne von „ganz" werden Sie auf dem umgekehrten Weg: Definieren Sie sich weder über Ihre verletzten Seiten noch über Ihre Erfolge. Sie sind alles geworden. Sie sind die ganze Kugel.

Sobald Sie sich einseitig mit etwas identifizieren und darüber definieren, machen Sie es zu Ihrer Mitte. Sie verstellen dadurch Ihre wahre Mitte. Ihr wahres Selbst ist Ihnen zunächst noch unsichtbar wie das Zentrum der Traumkugel. Gleiches bedenken Sie bitte im Umgang mit anderen Menschen. Identifizieren Sie sie nicht mit dem, was Sie von ihnen alltäglich sehen. In Jedem lebt diese Mitte. Wir bleiben weit hinter uns selbst zurück.

⌘ „Bei mir gibt es viele, auch schmerzhafte Erlebnisse über mein Leben und Glücksmomente wie jetzt z. B. draußen in der Natur, für die mir die Worte fehlen."

⌘ „Ich glaube, dass sich bei mir mit der Ganzheitlichkeit etwas öffnet. Also dass es nicht immer nur schön ist und mir gut geht, sondern dass ich die nervigen Seiten an mir und in mir wahrnehme als etwas, das zu mir dazugehört. Ich war sonst eigentlich eher anders – die wollte ich gern loswerden, diese komischen Gefühle und Zustände. Jetzt kriege ich mit, dass die auch ‚Ich' sind."

⌘ „Ich sehe es als eine neue Geburt. Es geht nicht kuschelig weiter, nicht romantisch. Ich muss mich weiterentwickeln, ich muss wachsen. Es bleibt weiter schwierig."

B Erläuterungen

5.B.1 Das Gehirn bleibt lebenslang formbar – Neuroplastizität

Die Nutzerin bzw. der Nutzer des Hirns kann gezielt bestimmte neurologische Schaltkreise lahmlegen, die ihn im Leben einschränkend bestimmen. Er kann pathologische Verbindungen kappen, beschädigte Bereiche durch spezifische Übungen reparieren und sein Gehirn zur Bildung neuer Nervenzellen und neuer Verbindungen anregen.

Je nachdem worauf man sich konzentriert, vergrößern oder verkleinern sich die jeweiligen Gehirnbereiche. Für Funktionen, die man häufiger ausführt, stellt das Gehirn mehr Gewebe zur Verfügung. Hingegen begrenzt es Bereiche für Prozesse, die seltener ausgeführt werden.

Das Gehirn gibt nur unter den schlechtestmöglichen Nutzungsbedingungen die Lebensbahnen vor. Im gesunden, aktiven Nutzungszustand prägt es der Nutzer zu seinem individuellen Werkzeug um. Dabei wird das Gehirn zum Abbild seines einzigartigen Lebens.[8]

---

[8] Vgl. zum Forschungshintergrund Sabine Bobert, Jesusgebet und neue Mystik, Kiel 2010, 272ff.

5.B.2 Spirituelle Ressourcen nutzen

Die MTP-Methode habe ich gemeinsam mit ratsuchenden Menschen entwickelt. Sie hatten davon erfahren, dass ich über alte Mönchsübungen aus dem Christentum forsche. Sie wollten von mir wissen, ob ihnen diese Übungen auch in seelischen Krisen helfen könnten. Diese Menschen hatten bereits verschiedene Therapieformen hinter sich. Sie nahmen Psychopharmaka ein, einer war drogenabhängig. Von mir erwarteten sie keine weiteren psychologischen Hilfestellungen, sondern speziell spirituelle Hilfe.

Ich hatte psychologische Kurse absolviert, die mir beim Verstehen der Krankheitsbilder und beim Anpassen der Übungen sehr hilfreich waren. Ich war durch Bücher von Psychologen[9] über die Wüstenmönche und durch Ergebnisse aus der Meditationsforschung[10] ermutigt, solche Übungen wieder in der Seelsorge einzusetzen.[11]

Ich selbst hatte eine starke Persönlichkeitswandlung in meiner Arbeit mit den Übungen durchlaufen. Welches Heilungspotential in ihnen steckte, wurde mir aber erst durch diese Ratsuchenden gezeigt. Mit Hilfe dieser einfachen Übungen setzten langjährig Depressive unter ärztlicher Aufsicht ihre Antidepressiva ab. Eine Frau mit Angststörungen hatte nur noch manchmal Angst und beschrieb diese Attacken dann „nur noch wie von ferne". Ein Drogenabhängiger ordnete sein Leben neu und nahm nur noch in schweren Krisen dieses Trostmittel.

Dieser ehemals Drogenabhängige schreibt über seinen Heilungsweg mit den MTP-Übungen:

---

[9]   Daniel Hell, Die Sprache der Seele verstehen. Die Wüstenväter als Therapeuten, Freiburg/Basel/Wien 2007.

[10] Bobert, Jesus-Gebet und neue Mystik, a. a. O. (Anm. 8) 267ff.

[11] Vgl. Sabine Bobert, Seelsorge in der Postmoderne, in: Wege zum Menschen 2011 (63), 258-272.

⌘ „Depressionen, Trauer, Hass, Gewaltfantasien waren mein Leben und ich kann heute noch sagen, dass ich ohne das Abschalten mit den Drogen nicht überlebt hätte. Drogen will ich nicht gut heißen, aber mich haben sie gerettet und zerstört. Welch traurige Welt. Die Fantasien gaben mir die theoretische Macht über die anderen Menschen. Ich tötete unzählige auf alle erdenklichen Weisen, wollte das Leid zurückzahlen und mich davon befreien. Ich war krank. Langsam lerne ich, auf mich Acht zu geben, mich selbst anzunehmen, mich zu lieben. Das ist schwer, wenn man das sein ganzes Leben lang nicht gedurft hat und es nie gelernt hat. Über die Jahre, und bis heute ist nicht alles rosig und schön, lernte ich damit umzugehen. Mein Vertrauen in die guten Fügungen des Schicksals wächst und ich vertraue auf Gott, der mich führt. Eine Entwicklung, die über Jahre schon andauert und vermutlich nie enden wird. Wer meint, in seiner Lebensentwicklung fertig zu sein, sieht nur die nächste Stufe nicht.

Ich beschäftigte mich immer mit Menschen, weil sie mich interessieren. Ich lernte dabei vieles, aber meine Grundausrichtung war pessimistisch. Alles war Leid und das Leben nicht zu genießen sondern durchzustehen.

Jetzt genieße ich, was aber nicht heißt, dass ich faul herumliege, sondern viel mehr, dass ich angestrengter arbeite als vorher. Noch immer ist mein Gebiet der Mensch und das menschliche Leben, aber jetzt, weil ich die Menschen liebe und besonders liebe ich sie, weil sie eben nicht perfekt sind. Die kleinen Fehler, die alle sehr individuell sind, machen das Besondere aus und animieren eher zur Annahme in tiefer Zuneigung als zur Wut. Das ist der große Wandel. Meine Sicht auf die Dinge. Ich habe verzehrenden Hass gegen Liebe getauscht. Nein, ich bin kein Heiliger. Ich bin jemand, der immer wieder abstürzt und in alte Muster verfällt, aber einer, der weiß, wie schlecht diese alten Muster für ihn sind und sich ihrer immer wieder schnell versucht zu entledigen. Ich bin ein Mensch, der sich aufrichtig bemüht und der gelernt hat, nicht nur die anderen wegen ihrer Unvollkommenheit zu mögen, sondern auch sich selbst, wobei es mir bei mir selbst schwerer fällt. Ich wachse ja auch noch. Man kann sich nur mit Arbeit entwickeln, aber es ist Arbeit an sich selbst und für sich selbst und kein Handel mit Gott oder Menschen. Man tut es für sich oder man lässt es. Das Geschenk wird die eigene zunehmende Zufriedenheit und Gelassenheit sein. Es wird kein Geld bringen, keinen Ruhm, aber ein glücklicheres Leben.

Glück liegt nicht im Reichtum oder in Ehrenstellen, sondern in den kleinen Dingen des Alltags. In den Dingen, die zwischen Menschen passieren. Man gibt und freut sich des Gebens, man nimmt und ist dankbar für das Geschenk. Diese Dinge könnten auch gar nicht zurückgezahlt werden. Ich mag die Menschen und lerne auf mein Inneres zu hören.

Früher konnte ich gar nicht mit Kindern umgehen. Heute erfreue ich mich an ihrer unschuldigen Freude. Kinder merken so was und haben manchmal ein noch immer für mich recht eigenartiges Zutrauen zu mir. Mir wird das Wetter immer egaler, weil ich ja meine Sonne in mir trage. Nach meinen ersten Erlebnissen ging ich durch die Natur und die Sonne schien. Ich konnte das richtig genießen. Gutes Wetter war einige Zeit der Auslöser für gute Gefühle in mir. Davon bin ich nun nicht mehr abhängig."

Drei Übungen für drei Ressourcen

Menschen bringen unterschiedliche Ressourcen mit. An diese unterschiedlichen Ausgangslagen knüpft die MTP-Methode mit gezielten Trainingsmöglichkeiten für den Willen, die Gefühle und das Denken an.

Einstieg über den Willen: Mir wurde bei einer Frau mit ärztlich diagnostizierter Essstörung und ärztlicher Borderline-Diagnose deutlich, wie willensstark sie war. Ich gab ihr in der seelsorgerlichen Begleitung zunächst die Willens-Übung. Im Unterschied zu mir und den meisten anderen Menschen gelang ihr die Willens-Übung auf Anhieb stündlich! Sie hält bis heute den Rekord in dieser Übung darin, dass sie auf die Minute genau täglich wechselnde Zeiten wie „14.37 Uhr und 18.18 Uhr" traf. Sie ersetzte schließlich den Wecker durch minutengenau vorgenommenes Aufwachen.
Sie entwickelte durch die Willens-Übung zunehmend Selbstvertrauen. Ihr wurden eigene Lebenswünsche bewusst und zu klärende Lebensbereiche.
Ich verband ihre Willens-Übung dann direkt mit der Gefühls-Übung. Sie fiel ihr sehr schwer, denn sie hatte anfangs keinen Zugang zu ihren Gefühlen. Ich variierte die Gefühls-Übung in einer mantrischen Form, weil ihr die Konzentration auf Bilder anfangs zu schwer fiel.

Einstieg über die Gefühle: Ein anderer Ausgangspunkt für die seelsorgerliche Begleitung ergab sich bei dem suchtkranken Menschen, dessen Bericht oben steht. Er befand sich seit mehreren Jahren in einer Gesprächspsychotherapie. Sein Eigenwille war wie tot. Die Konzentration in einem Mantra fiel ihm sehr schwer, zumal er anfangs fast nie „nüchtern" war. Regelmäßiges Üben war unmöglich für ihn. Seine Stärke lag in seinem großen Gefühlsreichtum. Er lebte ihn vorwiegend als Einfühlung in andere.

Ich startete daher bei ihm mit der Gefühls-Übung in ihrer Standard-
form als innere bildliche Szene. Er sollte sie so oft wiederholen, wie
es ihm täglich gelang. Nebenher ermutigte ich ihn immer wieder zu
einer einfachen Form der Willens-Übung. Er sollte sie so oft durchführen wie er an sie dachte. Die innere Sammlung in einem Mantra
schlug ich ihm erst vor, als er mit den Übungen zur Willensstärkung
und zum Verweilen in heilsamen Gefühlen einigermaßen arbeiten
konnte.

5.B.3   Die Rolle des Trainers

Muss ich schon vorher seelisch gesund sein?

Viele Meditationskurse schließen seelisch angeschlagene Menschen aus. Dahinter steckt die Erfahrung, dass auf dem Weg der Bewusstwerdung alte Schmerzen wieder auftauchen und Entwicklungskrisen durchlaufen werden.

Die MTP-Methode ist so aufgebaut, dass die Übenden für die Phasen der Bewusstwerdung alter Wunden Steuerungsmöglichkeiten erhalten. Bei seelisch stark verwundeten Menschen lege ich zusätzlich großen Wert darauf, dass sie in psychologischer Behandlung bleiben. Der MTP-Lehrer sollte sich Wissen über seelische Erkrankungen angeeignet haben und sich liebevoll in diese Menschen einfühlen können. Unter diesen Voraussetzungen können schwer verletzte Menschen auf dem Übungsweg mit MTP einen intensiven Heilungsweg erleben.

Beim Übenden sollten folgende Voraussetzungen gegeben sein:

- Er muss zu täglichen Übungen bereit sein (eigene Aktivität).
- Er muss sich intensiv nach einer Veränderung sehnen.
- Er muss engen Kontakt zum Lehrer halten, damit dieser die Übungen vor dem Einbau in das bisherige Krankheitsbild schützt.

Die Rolle des Trainers: die Übungen als mentaler Wendepunkt (mental turning point)

Der Coach soll in Gesprächen den Fokus auf die Übungen legen und immer wieder darauf zurücklenken. MTP leistet keine reflektierte Aufarbeitung der Lebensgeschichte. Natürlich muss Raum dafür bleiben, dass sie – auf Wunsch der Übenden – erzählt werden kann. Doch die Veränderungen kommen bei MTP nicht durch Reflexion zustande, sondern durch aufmerksames Wahrnehmen und durch das Einüben einer neuen Grundhaltung. Hierin liegt ein großer Unterschied zu reflektierenden Psychotherapien. Es geht nicht um Nachdenken, sondern um Aktivitäten: das tägliche Üben. Die Übungen werden die Übenden in eine wache Aufmerksamkeit für die eigenen Willensimpulse, Gefühle und Gedanken führen.

Ein christlicher Coach sowie SeelsorgerInnen, die mit der MTP-Methode arbeiten, sollten die Begleiteten durch das Kraftfeld ihrer Fürbitte unterstützen (vgl. S. 46f, 65, 79-83). Am nachhaltigsten kann das ein Coach, der durch seine eigenen Übungen sensibel genug dafür geworden ist, um auch bei räumlicher Trennung zu spüren, wie es den Begleiteten gerade geht und welche Kräfte sie für ihre seelische Balance brauchen. Dieses Kraftfeld wird ein Band der Liebe schaffen, das auch Fehlhaltungen im Coach heilsam gegensteuern kann.

5.B.4 Der Lichtkegel auf dem Dachboden wird breiter

Unter den drei Haupt-Übungen von MTP forciert vor allem das mantrische Beten die Bewusstwerdung. Die Entdeckungen und Erlebnisse auf diesem Weg sind nicht nur erfreulich. Selbsterkenntnis ist erst dann erträglich, wenn wir lieben können. Auf diese Balance muss der Begleiter achten. Aus seiner spirituellen Mitte heraus muss er stellvertretend diese Liebe spürbar werden lassen – in seiner Grundhaltung bei Gesprächen und in dem Kraftstrom, den er den Begleiteten sendet.

Was geschieht beim mantrischen Beten? Stellen wir uns vor, wir stehen mit einer Kerze auf einem dunklen Dachboden. Wir erkennen nur das, was in nächster Nähe steht. Unser Bewusstsein gleicht anfangs dieser Kerze. Durch zunehmendes Üben bündeln wir unsere Aufmerksamkeit. Sie ist nicht länger diffus zerstreut. Unser Bewusstsein leuchtet wie eine 100-Watt-Lampe den Dachboden aus. Es leuchtet in Bereiche hinein, die uns vormals unbewusst waren. Schließlich wird es so hell wie ein Bühnenscheinwerfer.

Wir nehmen uns und andere im Alltag dann viel klarer wahr. Wir behalten Träume besser. Wir erinnern unsere Lebensgeschichte klarer. Am schwierigsten geht es vielen mit den Gefühlen, die aus Schattenbereichen in den Lichtkegel treten. Oft sind das gerade die Gefühle, vor denen wir bisher weggelaufen sind. Wie aus dem Nichts sind sie plötzlich und stark da. Sie waren niemals fort. Wir hatten ihnen nur die Aufmerksamkeit entzogen.

Psychologisch gesprochen: Wir gehen durch die Mantra-Meditation einen langen Weg der Integration. „Ganz werden" und „Ganzheitlichkeit" sind heute Sehnsuchtswörter geworden. Doch die Sehnsucht nach „Ganzheitlichkeit" bleibt einäugig, solange dabei alles Schmerzliche und Schwierige ausgeblendet wird. Es gibt kein „ganzheitliches" Leben ohne unser Scheitern, unsere Abgründe und unseren Schmerz. Auch all das sind wir.

Bei Menschen, die traumatische Erfahrungen durchlitten haben, sowie bei denjenigen, die hochfrequent mit dem Mantra üben, kann dieser Weg sehr abrupt verlaufen. Nach einer Phase von Klarheit und Glück haben sie den Eindruck, sie würden sich plötzlich zurück entwickeln.

⌘ „Ich war letzte Woche unruhig. Total genervt."

⌘ „Durch das Seminar habe ich das Gebet neu entdeckt; es berührt mich immer wieder tief, taucht auch im Alltag in manchen Momenten auf und ich fühle mich verbunden und gestärkt.

Neu ist für mich, vielleicht auch durch das Beten verursacht, dass ich meinen Körper anders empfinde, verletzlicher; ich esse weniger und bewusster, – was mir sehr gut tut – seit einer Woche allerdings bin ich körperlich sehr verspannt in Nacken und Rücken. Ich schaffe es nicht, selbst durch Körperübungen wie Yoga davon los zu kommen, als ob mein ganzer Körper in Aufruhr ist, bestimmte Dinge in ihm festgehalten sind, die ich alleine nicht lösen kann. Mögliche Gründe könnten der anstrengende Schulalltag sein, der viel Energie und Zeit fordert. Vielleicht haben diese Schmerzen und Verspannungen auch noch andere Gründe, hängen eventuell auch mit den Gebeten zusammen, damit, dass es an der Zeit ist, bestimmte Verhärtungen und alte Muster los zu lassen oder zu verwandeln? Ich fühle mich im Moment etwas gespalten. Einerseits die Entdeckung des heilsamen Gebets und andererseits diese Verspannung und Schmerzen."

⌘ „Von irgendwelchen glückseligen Momenten beim Beten bin ich weit entfernt. Trotzdem finde ich es interessant und spannend, was sich durch das Beten getan hat: Zunächst einmal kam ich in eine schwere, innere Unruhe hinein. Obwohl ich erst kurz zuvor die Taizé-Gottesdienste für mich entdeckt hatte, konnte ich plötzlich nicht mehr hingehen. Allein schon die Vorstellung von der Stille, Ruhe und der Besinnung dort machte mir Angst. Ich hatte das Gefühl, mit dem Jesus-Gebet das Gegenteil von dem zu erreichen, was ich erreichen wollte. Und vor allem hatte ich das Gefühl, ein viel schlechterer Mensch zu sein als vorher, mich voll in die falsche Richtung zu entwickeln! Die Beobachtung, was mich vom Jesusgebet abschweifen lässt, war ganz schön niederschmetternd: wütende Zwiegespräche mit anderen Menschen, innere Anklagen, Bewertungen, schlechte Gedanken. Manchmal auch schlechte Gedanken, die positiv verpackt waren: Ich sah mich wie ich diesem und jenem Menschen half, vor Menschen predigte oder ihnen im Gespräch beistand. Und spürte, dass es dabei aber um mich selbst ging und darum, mich durch altruistische Gedanken vom Eigentlichen abzulenken. Ich glaube, das habe ich auch früher schon gemacht. Da fand ich es nur nicht so schlimm. Bisher hielt ich mich für einen Menschen, der einen guten Zugang zu sich selbst hat und recht reflektiert ist. Plötzlich hatte ich dieses Gefühl nicht mehr. Ich merkte – und so geht es mir bis heute – dass ich nicht zu meinem Innersten vorstieß."

Der Coach hat durch Hinweise auf die Übungsfrequenz und durch seine spirituelle Verbindung zum Übenden darauf zu achten, dass dieser Weg möglichst undramatisch verläuft. Krisen müssen nicht kritisch verlaufen.

Der Coach hat den Übenden die drei wichtigsten Steuerungsmittel zu erläutern:

- In Krisen durch Bewusstwerdung sollte die Arbeit mit dem Mantra reduziert oder sogar abgesetzt werden.
- Die Gefühls-Übung sollte den bisherigen Stellenwert des Mantras erhalten, bis der Übende in sein Gleichgewicht zurück gefunden hat.
  Das wichtigste Gefühl zur Krisenbewältigung ist: Ruhe.
  Zusätzlich kann man weitere Gefühle wie Geborgenheit und Liebe meditieren.
- Die oder der Übende sollte rechtzeitig die „Willkommens-Technik" erlernen.

5.B.5 Aufbruch-Stimmung

Die zunehmende Selbst-Bewusstheit und die klare Wahrnehmung unseres Alltags verändern uns. Unser Leben erhält eine neue Richtung, auch wenn wir sie zunächst nur ahnen. Die vorläufige Richtungslosigkeit „zwischen den Zeiten" wenn Altes zerbricht, aber das Neue noch nicht aufgetaucht, kann als belastend erlebt werden.

⌘ „Das Kleid passt irgendwie nicht mehr ... "

⌘ „Schwierig ist zwischenzeitlich diese Ungewissheit, wo es wohl mal hingehen mag. Zum Glück sind diese Augenblicke eher selten. Es überwiegt die Zuversicht, dieses sich treiben lassen und abwartend gucken, wo es hingeht. Das braucht natürlich Geduld und manchmal auch Kraft, auch Entscheidungskraft: Wo bewerben, wo eher nicht."

⌘ „so bunt und doch grau,
so eng aber auch offen,
so laut und zugleich ruhig,
so hektisch aber dennoch kontrolliert"

⌘ „Meine spirituelle Praxis sieht wie folgt aus: Meistens singe ich täglich mehrere Psalmen, morgens und abends. Im Anschluss daran meditiere ich mit dem Jesusgebet. Nicht sehr lange, aber dieser Teil ist doch immer sehr intensiv. Meistens schreibe ich in meine ‚Blubberbücher', was mir so in den Sinn kommt, und manchmal, in letzter Zeit häufiger, werden daraus Texte, Gedichte. Ich möchte dem Schreiben noch mehr Raum geben. Ohne Druck.
Außerdem gehört zu meiner spirituellen Praxis das Laufen. Das Verweilen in der Natur, das Beobachten der Natur. Dort ist auch diese Geste zum Jesusgebet hergekommen. Ich war an einem Platz,

wo in alle Richtungen der Horizont weit ist und der Himmel eine riesige Kuppel über mir. Ich hatte plötzlich das Gefühl: Hier stimmt alles. In diesem Moment ist alles im Lot.

Mir wird immer deutlicher, dass jeder Schritt, den ich gehe, alles was ich tue, in eine Richtung führt, nämlich zu meinem Grab und dann hindurch. Darauf läuft alles hinaus. Ist das nicht auch eine der nächsten Übungen? Die Frage: Was will ich bis zu meinem Tod hier auf der Erde? Oder die Frage: Wie kann ich auf den Tod hin leben? Im Bewusstsein dieser Richtung? Was verändert sich dann?

Die Schattenseite ist gerade ein starkes Gefühl von Alleinsein, Einsamsein, nicht dazu gehören. Ich weiß, dass das meine Hölle ist. Schon als Kind war das so. Deshalb bin ich auf die Fundamentalisten in Kirchen und Freikirchen reingefallen und bin immer noch in Gefahr, reinzufallen. Naja, nicht mehr so sehr, weil ich mehr und mehr meinem eigenen Weg vertraue.

Trotzdem fühle ich mich manchmal bitter allein. Bin ich doch gar nicht, aber es ist trotzdem ein tiefes und trauriges Gefühl. Das kümmert sich nicht um rationale Überlegungen.

Wahrscheinlich wirst du zurückschreiben: Weiter so. Das tut mir trotzdem gut, auch wenn ich es ahne. Es ist wie auf einem Wanderweg – wenn ich mein Wanderzeichen am Baum sehe, weiß ich, dass ich auf dem richtigen Weg bin, und gehe mit frischer Kraft weiter. Auch dann, wenn ich mich noch gar nicht verlaufen habe."

Wie gehen wir mit dieser Landschaft voller Täler und Höhen um? In dem Beispieltext eben ist auch die Todeseinsamkeit in ihren verschiedenen Facetten benannt: das Loslassen der bisherigen Identität, die Suche nach einem Leben, das der Sterbestunde standhält sowie Flashbacks von Todeseinsamkeit aus der Kindheit. Als Wegbegleiterin antwortete ich: „Du gehst jetzt durch Etappen, die ich selber in tiefer Einsamkeit durchschritten habe. Deine Mitte führt Dich wunderbar. Lerne, ihr immer mehr zu vertrauen. Sie ist längst mit Gott verbunden. In diesem wachsenden Vertrauen findet ein Identitätswechsel statt. Deine neue Identität ist markiert durch Deine Mitte.

Alles bisherige, Deine jetzige Identität, wird Spielmaterial, um mit anderen Menschen weiterhin auf ihre Weise in Kontakt zu treten. Mit ‚Spielmaterial' meine ich: Du kämpfst auf dieser Ebene nicht mehr um Siege, verteidigst nicht mehr charakterliche Eigenheiten. Du bist einfach geworden, was sich so alles in diesem Leben angesammelt hat.

Das Wichtigste wird für Dich, dass alles von Deiner Mitte durch Liebe durchstrahlt wird. Liebe und die Weisheit Deiner Mitte ist das neue Einheitsprinzip, das alles Disparate, Widersprüchliche, schwer Erträgliche (für uns und andere) in uns verbindet. Das ist jetzt Dein Punkt, an dem Du stehst. Die Mitte als Deine neue Identität lebt schon in Dir. Ihr habt schon Kontakt, vielleicht auch eine kleine Liebesgeschichte.

Und währenddessen stirbt auch etwas. Du lässt mehr und mehr das Falsche, Unwesentliche los. Es hält Dich einfach nicht mehr.

Diese Sterbemeditation – ein Leben finden, das der letzten Stunde standhält – begleitet mich ständig und ermutigt mich, Dinge zu tun, vor denen ich sonst zurückschrecken würde. Da ist das Wissen um den Tod, die Kostbarkeit dieser Zeit hier, ein mächtiger Verbündeter, fast ein Freund geworden, der mich ermutigt.

Die Kehrseite spürst Du ja auch: Es ist eine gewaltige, erdrückende Einsamkeit. Das, was andere erst zwangsweise im Sterbeprozess erleben, das erleben wir jetzt schon. Wir lassen uns bewusst darauf ein. Das alles ist real, und deshalb ist es so schwierig. Was uns hilft, ist das gleichzeitige Erleben unserer Auferstehung – einer unumkehrbaren Verwandlung. Nur das was bleibt, gewinnt für uns zunehmend an Wert. Beides ist da: die Hoffnung und der Schmerz. Je nach Tagesform gewinnt eine Seite die Oberhand. Die Einsamkeit wird verstärkt dadurch, dass um uns her kaum Menschen leben, die dem Tod bewusst in die Augen schauen wollen. Wir haben keine Weggefährten. Jeder Krimi ist eine Oberflächlichkeit: Menschen betrachten den Tod eines anderen zur Unterhaltung und schauen doch nicht dem Tod in die Augen. Sie zerstreuen sich daran, wie jemand umfällt – und fühlen nicht, wie schwer Sterben ist.

Dadurch erscheinen uns auch bisherige Freunde – angesichts dieser Tiefe des Lebens – fremd, oberflächlich. Und wir empfinden diesen zusätzlichen Schmerz – die Fremdheit in bislang vertrauten Beziehungen. Hier trägt uns jetzt niemand, jedenfalls nicht in dieser Tiefe.

Zusätzlich ist da alter Schmerz, der an die neu erfahrene Todeseinsamkeit andockt. Alles, was wir bisher als Kind an Einsamkeit, Trennung, Verlassensein erlebt haben, schießt in diesen neuen Schmerz mit hinein. Die alte Wunde ist wieder offen.

Respektiere dabei Deine Tagesform. All das kostet viel Kraft. In solchen Tagen, Phasen, kannst Du weniger arbeiten als sonst. Wir sind wund, unsere Seele ist wund. Wir sind nicht so belastbar. Wir sehnen uns nach einem Schutzraum und Geborgenheit. Das ist dann eher Musik, Natur, oder einfach sich erlauben, durchzuhängen – vielleicht an einem schönen Ort. Wenn wir dies nicht respektieren, wird uns unser Körper bremsen, damit wir die Seele heilen lassen. Sie braucht Zeit zur Verwandlung.

Nach dieser Phase wird es sein wie nach allen bisherigen Krisen auf dem Weg: offener Himmel, Liebe bis zum Platzen, mit allem und allen verbunden sein. Jede geheilte Wunde macht uns durchsichtiger. Jedes Loslassen von Altem lässt uns aufsteigen, zentimeterweise in den Himmel."

5.B.6 Im eigenen Hier und Jetzt ankommen

Die spirituelle Zielbeschreibung, ins „Hier und Jetzt" zu gelangen, erweckt oft romantische Vorstellungen. Der Trend zur Verniedlichung wird durch manche spirituelle Literatur und Kalenderbilder gefördert. Seminarteilnehmer wundern sich dann und fragen, ob sie falsch üben, wenn sie bei einem Spaziergang keine harmonischen Naturerlebnisse haben.

⌘ „In der Tat bemerke ich allerdings beim Spazierengehen und wenn ich dabei das Mantra bete nicht viel vom Weg. Ich könnte hinterher nicht sagen, welche Arten an Büschen oder Bäumen mir ‚begegnet' sind. Bin ich also offensichtlich während der Anwendung des Mantras nicht wirklich ‚da'? Mache ich etwas falsch?"

Wir sollen nicht in ein allgemeines „Hier und Jetzt" gelangen, sondern in unser eigenes Hier und in die eigene Zeit. Die eigene Zeit hat wenig mit Tautropfen und Marienkäfern an Grashalmen zu tun, wie sich manche ihr kontemplatives Paradies ausmalen. Ich erzähle dann beispielsweise von einem Regentag im März, in dem ich am Abend in strömendem Regen mit dem Rad unterwegs war. Hose und Ärmel waren nach kurzer Zeit durchnässt. Autos lärmten. Und die erste Amsel meines Frühlings sang.

Der Frau, die beim Spaziergang nur ihre Verspannungen statt der Büsche rundum bemerkte, antwortete ich: „Es könnte ein Zeichen Ihrer guten Arbeit mit dem Mantra sein, dass Sie an Ihre Anspannung herangekommen sind. Das Mantra hat die Anspannung nicht erzeugt. Sondern Sie haben sehr viel Anspannung in Ihrem bisherigen Leben angesammelt, allein schon durch die viele Angst, von der Sie erzählt haben. Daher ist es ganz normal, dass Sie beim Wandern erst mal keine Sträuchersorten bemerken. Als allererstes kommen Sie beim Mantra bei sich selbst an. Das heißt: Sie nehmen Ihre eigene Anspannung wahr, eigene Gefühle, ganz viele Trümmer von früher. Schaffen Sie sich mit Ratgebern von der Sorte wie ‚Wie lebe ich richtig?‘, ‚Komm ins Hier und Jetzt!‘ keine neuen Normen. Sie sind Ihre eigene Norm. Es geht um Ihren einzigartigen Weg." Der beste Weg für jeden ist: Akzeptieren Sie Ihr eigenes Hier und Jetzt. Sie sind Sie.

5.B.7 Beispiele für spirituelle Heilungserfahrungen

Die eigene Seele

⌘ „Ich spüre mich in meiner Mitte, strotze vor Ruhe und habe großes Gottvertrauen für mein eigenes Leben."

⌘ „Ich bemerke so ganz beiläufig, dass ich viel schneller merke, was ich brauche. Ich bin irgendwie näher an mir dran. Ich kann mich nicht mehr so ignorieren, wie ich es vorher oft getan habe. Meine Körpersignale, die schon immer sehr ausgeprägt waren, spüre ich jetzt noch deutlicher, ohne dass sie stärker geworden wären. Ich bin einfach aufmerksamer, achtsamer. Das fühlt sich erstmal alles toll an, so als wäre ich feiner getuned, so als wären meine Empfänger stärker, als wären Geist, Seele und Körper dabei, ein wenig näher zusammenzurücken."

⌘ „Das Herzensgebet wird mir zur Antwort auf negative Denkschleifen."

⌘ „Was mir in jedem Fall gegeben ist, ist eine zunehmende Befreiung von Zukunftsängsten und Zwängen, ein souveräneres Auftreten und eine insgesamt fröhlichere und gelöstere Haltung zum Leben. Ich bin mittlerweile auch der Ansicht, dass Intelligenz wachsen kann und nicht einem starr vorgezeichneten Weg folgt. Ich sollte als Schulkind die neunte Klasse der Realschule nicht schaffen und stehe heute mitten in einem Studium."

⌘ „Wenn es mir schwer ums Herz ist und ich dann die Worte ‚Jesus Christus' mit der Atmung verbinde, spüre ich eine große Erleichterung, als würde ich mich mit einer Kraft verbinden, die tragen hilft."

⌘ „Ich fühle mich eingehüllt."

⌘ „Es ist für mich wie bei einer Zwiebel: Was mich verdeckt, fällt schichtweise weg."

Beziehungen

⌘ „In Beziehungen bin ich gelassener geworden. Ich nehme weniger persönlich, fühle mich weniger angegriffen. Ich trete stärker für mich ein, behaupte mich in einer ruhigen, selbstverständlichen Art. Konkurrenz und Neid erlebe ich weniger stark. Wenn jeder Mensch eine Facette Gottes ist, treten Konkurrenz- und Neidgedanken zurück. Das Herzensgebet macht mich offen, empathisch und versöhnlich für meine Mitmenschen. Früher fühlte ich mich oft allein und verlassen. Dieses Gefühl kommt nur noch äußerst selten. Ich bin ja nicht allein, Gott ist mit mir, die Welt ist so wunderbar geschaffen, dass mir die Zeit für Trübsal zu schade ist. Und wenn ich hin und wieder doch Wunden lecken muss, dann gestatte ich mir auch diese Zeit. Zeiten allertiefster Verzweiflung erlebe ich nicht mehr. Schwere und trübe Zeiten verfliegen schneller als früher, vor meiner Begegnung mit dem Herzensgebet. Das Gebet schützt mich vor einem Abgrund bodenloser Hoffnungslosigkeit und Ausweglosigkeit. Das Herzensgebet ist für mich das, was für den Trapezkünstler das Netz ist. Ich weiß, dass ich aufgefangen werde und die Möglichkeit habe, auch in schweren Zeiten und in nicht gewählten Situationen einen Sinn zu entdecken. Ich benötige insgesamt mehr Stille und Ruhe."

⌘ „Ich wende alle drei Übungen an, wenn auch nicht so häufig, wie es wohl sinnvoll wäre und wie ich es von mir erwartet hatte. Ich bin jedoch zufrieden mit der Häufigkeit und dem, was ich dadurch erreicht habe. Im Umgang mit anderen Menschen habe ich mich ziemlich verändert. Ich bin nicht mehr unbedingt immer die ‚Nette'. Ich sage klar, was ich denke. Von etlichen Menschen habe ich – was ich sonst selten gemacht habe – mich getrennt, wenn deutlich wurde, dass wir nicht mehr dieselben Ziele verfolgten und sie mir nur Energie raubten. Viele, die mich seit Jahrzehnten kennen, habe ich durch mein Verhalten verblüfft. Sie deuten mein neues Verhalten allerdings häufig falsch, weil sie meine veränderte Einstellung noch nicht wahrgenommen haben, gar nicht erwägen, dass ich mich verändert haben könnte. Etliche Menschen habe ich neu kennengelernt, mit denen ich auf einer Wellenlänge liege, wo es ein gegenseitiges Geben und Nehmen gibt. Manchmal habe ich den Eindruck, diese Menschen fliegen mir zu.

Das Leben ist für mich nicht unbedingt einfacher, leichter geworden, jedoch klarer, selbstbestimmter, selbstbewusster, auch fröhlicher."

⌘ „Ich komme meinem Partner näher."

⌘ „Seit ich vor einem Jahr im Kurs war, hat sich einiges in meinem Leben getan. Wie von Ihnen im Mystik-Seminar angeleitet, habe ich mich für folgenden Satz, meinen jetzigen Lebensspruch, entschieden und diesen gefestigt. Mit dem Einatmen denke ich ‚Herr Jesus Christus' und mit dem Ausatmen denke ich ‚erbarme Dich [Name der Tochter] und meiner'.

Am Anfang habe ich mein Mantra nur beim Frühstück gedacht, weil ich da durch nichts abgelenkt wurde. Tagsüber habe ich es oft vergessen und mir deshalb eine Erinnerungsfunktion überlegt. Ab sofort trage ich das Armband, das Sie jedem von uns im Seminar geschenkt haben, hauptsächlich deswegen, damit ich häufiger mein Mantra bete. ‚Betet ohne Unterlass' habe ich ja als Kind schon gehört. Mein Mantra spreche ich auch dann mental, wenn ich etwa mit meinem Fahrrad an der Ampel stehe. Da fällt mein Blick aufs Armband und dann denke ich meinen Leitsatz. Oder ich gehe in die Kantine runter oder bei einer schöpferischen Denkpause, ja sogar – wenn ich es sagen darf – auf der Toilette denke ich es. Sehr gut funktioniert mein Kernspruch auch, wenn ich mal nachts nicht einschlafen kann – das beruhigt und man schläft dann doch irgendwann ein. Das mit dem Armband ist der beste Denkzettel gegen die Vergesslichkeit.

Jedenfalls haben Sie damals im Seminar prophezeit: ‚Wenn Sie das Jesusgebet regelmäßig beten, werden Sie staunen, was passiert' – so oder ähnlich waren Ihre Worte. Allerdings stutze ich jetzt wirklich, was da abgeht.

Wie Sie wissen, bin ich allein lebend und erst seit kurzem in der [Stadt X]. Das Eingewöhnen in die neue Stadt, die Andersartigkeit der Menschen, die dreimonatigen Kettenverträge meiner Tochter, mit der jetzigen Arbeitslosigkeit und Neuorientierung, meine Ganztagstätigkeit, mein zusätzlicher Job am Wochenende – es ist anstrengend und die Sorgen hören nie auf.

Trotzdem bin ich glücklich, spüre mich in meiner Mitte, strotze vor Ruhe und habe großes Gottvertrauen im Leben. Ich genieße die Natur und danke dem Herrgott schon früh beim Aufstehen für alles, was man eigentlich für selbstverständlich nimmt wie das Sehen, den blauen Himmel.“

Im Beruf

⌘ „In den letzten vier Wochen hatte ich starken Gegenwind, was meinen Vertrag anging. Dabei war ich nicht das Problem, sondern eine Kollegin, die zu wenig arbeitet für ihr Geld. Also wollten sie mein Arbeitsfeld ändern, um mich eine Gehaltsstufe herunterstufen zu können. Nach vielen unangenehmen Gesprächen und unruhigen Nächten habe ich letzten Donnerstag meinen Vertrag unterschrieben. Es bleibt alles wie bisher, nur dass ich ein paar Stunden unbefristet dazubekommen habe. Das Durchhalten und nicht Nachgeben hat sich für mich gelohnt, auch wenn zwei Kolleginnen, für die meine Stunden- und Gehaltsreduzierung das Einfachste gewesen wäre, zur Zeit nicht gut auf mich zu sprechen sind. Aber ich bin nicht gewichen. Einatmen. Ausatmen.“

Der Körper

⌘ „Wenn ich abends das Jesusgebet spreche, meine ich zu spüren, dass mein linker Oberarm, der chronisch schmerzhaft ist, sich entspannt."

⌘ „Mein Blutdruck war zwischen 150 bis 160 und der untere zwischen 90 bis 92 (sollte 80 sein). Über drei Jahre lang, nach dem zweiten Infarkt, nahm ich viele Tabletten: Blutdrucksenker, Blutverdünner und Cholesterintabletten.

Jetzt habe ich alles abgesetzt. Und mir geht's gut! Nach dem Absetzen schießen die Werte auch nicht nach oben. Das geschieht ja angeblich in den ersten Wochen nach dem Absetzen. Mir ist nicht schwindelig. Ich habe auch keine Kopfschmerzen. Ich habe jetzt ein sehr schönes Leben ohne die Nebenwirkungen der Tabletten. Die Verdünnungstabletten machen Dir die Adern dünner, und dann platzen sie: zuerst die Adern in den Augen. Das hatte ich. Und ich hatte Schmerzen in den Knochen und Nervenschmerzen in den Muskeln."

⌘ „Ich merkte es schon seit einiger Zeit. Heute ist es amtlich. Der Optiker hat gemessen. Meine Augenwerte – ich bin extrem kurzsichtig – haben sich deutlich verbessert. Im Juni war ich zum Seminar. Drei Monate später haben sich meine Werte um 0,75 und 1,2 verbessert. Das ist viel. Und ich habe den Eindruck, das geht noch weiter. Eine große Freude.

Seit meiner Kindheit nervte mich schon meine extreme Kurzsichtigkeit. Ich überspielte das mit Kontaktlinsen. Infolge der vielen Bildschirmarbeit klappte das aber nicht so gut und ich wechselte wieder auf die Brille, die ich in meiner Stärke jedoch als Prothese empfinde.

Ich habe mich an die Übungen gehalten. Mantra beten, Willens- und Gefühls-Übungen. Das klappte mal mehr, mal weniger gut. Eine Zeitlang war ich beschwingt vom Kirchenlied ‚Öffne meine Augen, dass sie sehen die Wunder . . . / die Gott suchen, denen wird das Herz aufgehen.' Das Herz ging von den Übungen auf. (Obwohl ich die Gefühls-Übung häufig vernachlässige.) Die Augen auch. Ich merkte zunächst einen klareren Blick in die Ferne, wenn ich mit dem Hund rausging. Dann deutlichere Farben. Intensiver wurden die Pflanzen in meiner Wahrnehmung. Vielleicht, weil sie leben, dachte ich noch.

Ich fing an, häufiger nicht durch die Brille, sondern über den Brillenrand zu schauen. Ging erstaunlich gut. Ein deutliches Signal waren die ständigen Kopfschmerzen. Also ging ich zum Optiker. Der stellte fest, was ich ahnte. Eine deutliche Besserung, die die Mitarbeiterin so nicht in ihrer Praxis kannte. Nun war die noch jung.

Mit der zunehmenden Altersweitsichtigkeit hat das nichts zu tun. Die kompensiert keine Kurzsichtigkeit. Das sind zwei Baustellen. Ich bin sicher, das wird sich noch steigern. Überhaupt wirken sich die Übungen positiv auf den mentalen und (!) körperlichen Zustand aus. Ich hatte seit Juni nicht einmal den kleinsten Schnupfen."

⌘ „Mein letztes Jahr habe ich vor allem im Ausland verbracht. Dadurch hatte ich eine gute Möglichkeit, meine vorherige Umgebung distanziert zu betrachten und mich weit weg von ihr zu stärken. Dazu kam eine siebenwöchige Krankheit mit Operation, die auch im Ausland stattgefunden hat. In der Zeit befand ich mich oft in Angstsituationen, in denen das Gehirn besonders verrückte Gedanken hervorbrachte. Aber zum Glück habe ich das Jesusgebet nicht vergessen. So habe ich es zum Beispiel im Krankenhaus und vor der Vollnarkose gesprochen. Es hat mich abgelenkt, beruhigt und ich fühlte mich ein wenig geschützt – nicht mehr so direkt in der Situation gefangen."

Im Sterben

⌘ Eine Hospizhelferin schlägt vor: „Als Hospizbegleiterin würde ich mir wünschen, wenn hier mehr Schulung erfolgte. Mantren lassen sich noch in den letzten Tagen erlernen. Viele Sterbende kennen Wörter, Sätze, sie sind nur verschüttet. Einige Menschen erleiden kurz vor dem Tod Höllenqualen, oft durch schreckliche Gottesbilder. Welchen Frieden könnten die Mantren bewirken. Hier existiert eine Unsicherheit, die mit Erlaubnis, Zertifikat, Legitimation etc. zu tun hat. Vermutlich fragt ein authentischer Mensch nicht mehr nach Legitimation und Dürfen."

6 Am Anfang des mystischen Weges

A Kurskapitel

6.A.1 Stopp! Nur mit dem Lehrer weitergehen

Dieses Kapitel kann die Begleitung durch eine Lehrerin oder einen Lehrer nicht ersetzen. Es soll Ihnen helfen, die Schwelle zur mystischen Phase zu erkennen. Sie lernen Symptome für eine leichte und eine starke Überdosierung beim mantrischen Beten bzw. Meditieren kennen. Ferner werden Hilfsmaßnahmen vorgestellt, um Risiken zu vermindern.

Die wichtigste Maßnahme bleibt die beratende und spirituelle Verbindung mit Ihrem Lehrer. Ich warne Sie ernsthaft davor, beim Auftauchen der im Folgenden genannten Symptome ohne Ihren Tourguide weiter zu gehen. Ab hier betreten Sie riskantes Gelände. Sie benötigen Landkarten für den neuen Streckenabschnitt, um einen möglichst ungefährlichen Weg zu wählen. Neben Informationen kann ein Lehrer, der sich hier auskennt, Ihre Entwicklung aktiv mitsteuern. Er kann Sie in seinem Kraftfeld mit tragen. Ab hier wird die Beziehung zwischen Lehrer und Schüler sehr eng. Es geht jetzt um mehr als Coaching: Es geht um eine Lebensbeziehung, in der Sie phasenweise Schutz und Führung brauchen.

6.A.2 Gliederung der Bewusstseinsfelder nach Dr. Roberto Assagioli

Dr. Roberto Assagioli (1888-1974), Arzt und Psychoanalytiker[1]

Personale Psychologie (Psychoanalyse, Humanistische Psychologie) konzentriert sich auf den Bereich des *unteren* und *mittleren* Unbewussten und des unteren und mittleren Bewussten (in der folgenden Abbildung: Nr. 1, 2, 4 und 5).

Transpersonale Psychologie und mystische Entwicklungswege wie MTP versuchen, den Menschen mit dem Bewusstseinsbereich des wahren Selbst (Nr. 7) zu verbinden. Das *hohe Unbewusste* wird als die wichtigste Heilquelle erschlossen. Jeder Mensch reicht schon immer an diesen Bereich heran und erlebt ihn in einzelnen Momenten. Im Alltag bleibt diese Bewusstseinsebene meist verschlossen wie andere unbewusste Bereiche auch. MTP erschließt diesen Bewusstseinsbereich durch bewährte mystische Techniken.

1 Unteres Unbewusstes: In der Psychoanalyse: Triebe (Aggression, Sexualität), animalische Impulse.

2 Mittleres Unbewusstes: ist der Vorhof unseres Alltagsbewusstseins. Es enthält rasch abrufbare Erinnerungen (z. B. ein Geburtstagsdatum).

3 Höheres Unbewusstes: wird bislang vorwiegend in der Transpersonalen Psychologie thematisiert. Es enthält die höheren Bestrebungen des Menschen, die eigentlich menschlichen Impulse

---

[1] Roberto Assagioli, Handbuch der Psychosynthese. Grundlagen, Methoden und Techniken, Rümlang/Zürich 2004. Assagioli, Psychosynthese und transpersonale Entwicklung, Rümlang/Zürich [2]2008.

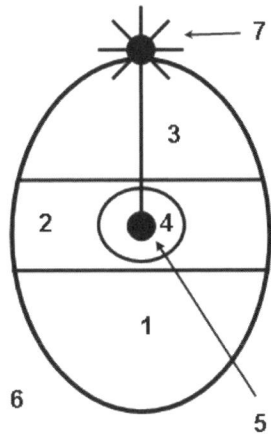

Abbildung 3: Gliederung der Bewusstseinsfelder

sowie Intuitionen mit künstlerischer, philosophischer, wissenschaftlicher und ethischer Qualität. Es ist eine unerschöpfliche Quelle von Liebe, Kreativität, Weisheit, Freude, Erfüllung und Sinn, Freiheit, Verantwortung, Verbundenheit und Teilhabe.

4 Bewusstseinsfeld: ist einem Scheinwerfer vergleichbar. Seine Inhalte wechseln ständig. Es kann auf die Umwelt gerichtet sein, in das untere Unbewusste eintauchen oder das höhere Unbewusste zugänglich machen (Beispiel: die Wahrnehmung im jeweiligen Moment).

5 Personales Selbst oder Ich (Ego): ist der Punkt reiner Selbstbewusstheit.

6 Kollektives Unbewusstes: vgl. C. G. Jung über unsere Teilhabe an kollektiven Ideen, Mythen, Gefühls-Atmosphären.

7 Wahres Selbst. Namen aus der christlichen Mystik: „Seelengrund" (Johannes Tauler), „Spitze des Geistes" (Meister Eckart), göttlicher „Seelenfunke" (Meister Eckart): ist unsere Bewusstseinsquelle, an der sich im höchsten mystischen Stadium die Empfindung von Dualität auflöst (Erfahrung von Non-Dualität).

Auf dem Weg dorthin ent-identifizieren wird uns von bisherigen Identitätsvorstellungen. Z. B.: Ich bin nicht meine Gedankenmuster, meine Gefühlsmuster, mein Körper. Das sind nur Fragmente von mir. Mein Zentrum ist mein wahres Selbst. Die Ich-Identifikation verwandelt sich zur Selbst-Identifikation mit der zunehmend wahrgenommenen Wesensmitte. Der Mensch erkennt in tiefer Ruhe und Klarheit sein eigenes göttliches Licht.

Das Neue Testament spricht vom „Sterben des alten Menschen" und dem Auferstehen eines „neuen Menschen". Es unterscheidet den „äußeren Menschen" vom „inneren Menschen" (2. Korintherbrief 4,16-18). Die Mystiker beschreiben diesen Transformationsprozess als „mystischen Tod" und „dunkle Nacht", durch die der Mensch auf dem Weg zum wahren Selbst geht.

6.A.3 Stopp! Überdosis

Kriterien für ein zu hohes Tempo, „leichte Überdosis":

- *Schlafstörungen*: Sie sind zur üblichen Einschlafzeit noch hellwach, vielleicht bis in die Morgenstunden. Sie haben massive Schlafstörungen, obgleich Sie bislang keine kannten.
- *Dauermüdigkeit*: Sie fühlen sich über mehrere Wochen hin benommen und müde, obgleich Sie sehr viel oder mehr schlafen als sonst.
- *Schmerzen*: Sie haben körperliche Schmerzen an Stellen, die Ihnen bislang nie Probleme bereitet haben (z. B. Brennen im Rachen und auf den Lippen; Migräne bei Personen die sonst nie an Migräne leiden; intensive Schmerzen im Brustraum obwohl sie bislang dort keine Schmerzen hatten). Auch ein Arztbesuch erbringt keine Krankheitsdiagnose.
- *Halsschmerzen*, die sich über eine Woche hinziehen, ohne dass sich eine Angina entwickelt.
- *Starke Gefühle, die nicht zur Gegenwart passen*: Ihnen werden sehr massiv Gefühlslagen aus Ihrer Biographie bewusst (Trauer, Einsamkeit, Hass, Angst). Sie haben das Gefühl, wie neben sich zu stehen und kommen emotional nicht mehr in die Gegenwart hinein.
- *Anspannung*: Sie sind angespannt wie zum Aus-der-Hautfahren.
- *Psi-Phänomene*: Sie haben seltsame Wahrnehmungen (wie Stimmen hören, Lichtblitze, Energiekreisen um Ihren Körper spüren).
- *Übelkeit* und Schwindelgefühl.
- Extreme *Hitzegefühle*.

Und so hört es auf:

- Nehmen Sie Kontakt mit dem *Lehrer* auf.
- *Stoppen Sie das Üben mit dem Mantra.* Wenn es sich von selbst einstellt, setzen Sie an seine Stelle die Gefühls-Übung.
- Beschäftigen Sie sich in nächster Zeit *nicht mehr mit spirituellen Praktiken* und Themen, es sei denn, Sie erleben eine tiefe Ruhe dabei.
- Widmen Sie sich verstärkt *alltäglicher Arbeit und Sport.* Dadurch verankern Sie sich wieder fester in „dieser" Wirklichkeit.
- Üben Sie die *Gefühls-Übung mit dem Schwerpunkt „Ruhe".*
- Wenden Sie auf evtl. Schmerzen, biographische Flashbacks und Anspannung die *Willkommenstechnik* an (vgl. S. 144-149)
- Spezielle *Erdungsübung* (vgl. S. 196-199)
- *Ignorieren* Sie gezielt mystische Phänomene wie Lichterscheinungen, innere Stimmen, Visionen und Energiebewegungen. Denn wohin Sie Ihre Aufmerksamkeit lenken, das wird stärker. Klären Sie sicherheitshalber mit einem Arzt die Symptome, um Erkrankungen, die behandelt werden müssen, auszuschließen.

B   Erläuterungen

6.B.1   Entwicklungsziel „Erleuchtung"[2]

„Erleuchtung" spielt auch im Christentum eine wichtige Rolle. Die frühe Kirche verband die Erleuchtungserfahrung mit den aufwändigen Ritualen der damaligen Erwachsenentaufe. Die *Taufe* wurde analog zu den antiken Mystikerienkulten als Einweihungsritual verstanden. „Erleuchtung" (griechisch: φωτισμός photismos) wurde damals synonym für die Taufrituale gebraucht.[3]

Die frühkirchliche *Mystik* hielt an der Erleuchtungserfahrung für Christen fest, indem sie diese als eine Stufe auf dem mystischen Entwicklungsweg verstand: Reinigung – Erleuchtung – Vereinigung.

Erleuchtungserfahrungen spielen vor allem in der christlich-*orthodoxen Spiritualität,* die um das Jesusgebet zentriert ist, bis zur Gegenwart eine wichtige Rolle. Der Athosmönch und Einsiedler Paisios (bzw. „Paissios") beschreibt den Weg zur Erleuchtung als Weg des immerwährenden Jesusgebets und als Herrschaft über die Gedanken: „Am Anfang des geistigen Lebens vertreibt der Kämpfende die schlechten Gedanken mit geistiger Lektüre, ununterbrochenem Gebet und hochherziger Askese. Danach kommen ihm nur noch gute Gedanken. Später hören auch die guten Gedanken auf, und er empfindet eine Leere, und danach kommt die göttliche Erleuchtung zum Menschen."[4]

Sprachlich wird im orthodoxen Christentum gerne auf die Lichtmetaphorik zurückgegriffen, um die Erleuchtungserfahrung und er-

---

[2]   Vgl. Peter Dyckhoff, Gibt es für Christen Erleuchtung?, München 2003. Allgemeinverständlich.

[3]   Vgl. zum Zusammenhang zwischen Taufritual und Erleuchtungserfahrung bei Ambrosius von Mailand: Sabine Bobert, Jesus-Gebet und neue Mystik, Kiel 2010, 250ff.

[4]   Paissios der Agiorit, Athonitische Väter und Athonitisches, Sourotí bei Thessaloniki, [11]2005, 194.

leuchtete Christen zu beschreiben. Über den Athos-Mönch Vater Augoustinos, der 1882 in Russland geboren wurde, heißt es: „Die Gestalt des Altvaters war voller Licht, denn die Gnade Gottes war auf ihm. Wenn du ihn auch nur sahst, vergassest du jeden Kummer, denn aus seiner inneren Güte verbreitete er Frohmut um sich."[5] Das innere Licht kann auch von anderen wahrgenommen werden. Vater Augoustinos war bemüht, dieses Licht vor anderen zu verbergen: „Mein Kopf leuchtete wie eine Lampe. Danach ging ich schnell weg, damit die Väter mich nicht sahen, und las die Göttliche Danksagung allein in meiner Zelle."[6]

Über die Erleuchtungserfahrung des Athos-Mönches Gero-Petros, der 1891 geboren wurde, schreibt der Athos-Mönch Paisios, der ihn kannte: „Selbst im Schlaf sagte er das Gebet[7], und wenn er erwachte, fuhr er fort damit. Wenn er sich kurz hinlegte, schlief sein Leib, doch seine Seele wachte und betete. Das Gebet strömte von selbst, und oftmals sagte er zu mir: ‚Ich höre auch Engelgesang, so wunderbar, dass ich kaum auf meinen Füssen stehen kann ob der Süsse jener himmlischen Melodie.' Dieser Zustand der Süsse nährte zugleich seinen Leib und seine Seele, weshalb er zu seinem Unterhalt nicht vieler Dinge bedurfte. Das Wenige, was er brauchte, verdiente er sich mit seinem Handwerk, denn er knüpfte Gebetsschnüre und sammelte Teekräuter an den Hängen des Athos, und beides tauschte er gegen Trockenbrot."[8]

---

[5] A. a. O., 107f.
[6] A. a. O., 107.
[7] Das Jesusgebet.
[8] A. a. O., 94.

6.B.2   An der Schwelle einer anderen Welt

Martin Hartig, ein evangelischer Pfarrer auf dem Weg des Jesusgebets, beschreibt die Umbrüche in seinem Weltbild auf diesem Weg wie folgt: „Der Glaube kann Berge versetzen. Er setzt geistige Energieströme in Bewegung, die reale Wirkungen in der körperlichen Welt verursachen, die der Verstand nicht begreifen kann. Der Geist steuert die Materie und gestaltet sich ins Leben.

Diese Glaubenserfahrung korrespondiert mit der überraschenden Erkenntnis der modernen Physik, dass Materie nicht aus Materie aufgebaut ist. Wenn Materie immer weiter auseinander genommen wird, in der Hoffnung die kleinste, gestaltlose, reine Materie zu finden, bleibt am Ende nichts mehr übrig, was uns an sie erinnert. Am Schluss ist kein Stoff mehr, nur noch Form, Gestalt, Symmetrie und Beziehung. Geist und Materie sind letztlich nicht verschieden, sondern bilden eine Einheit, aber am Anfang war der Geist. Wenn das Stoffliche, wenn die Materie nur die Schlacke des Geistigen zu sein scheint, dann ist das Eigentliche die Glut. Mose musste seine Schuhe ausziehen, um die Realität respektvoll und ungefiltert zu erspüren (Exodus 3). Das Feuer im Busch erschloss sich ihm als die Glut des Geistes, die vor aller Materie ist.

Wie sich Geist und Materie zueinander verhalten, so verhalten sich auch Glaube und Denken zueinander. Wie die Materie sich dem Geist verdankt, so verdankt sich das Denken dem Glauben. Descartes hat Unrecht, wenn er sagt: ‚Ich denke, deshalb bin ich.' Richtig müsste es heißen: ‚Ich glaube, deshalb bin ich' und ‚Ich bin, deshalb denke ich.'

Unsere Kultur ist viel zu intellektuell und zu wenig spirituell. Unser Denken hindert uns am Glauben. Das Denken ist der letzte Filter, der es uns allzu oft unmöglich macht zu erkennen, wie alle Dinge durchscheinend werden können für das Licht Gottes.

Gottes scheinbare Ferne könnte sich als ein Irrtum unseres Alltagsbewusstseins entpuppen, wenn sich herausstellt, dass unser
Verstand unser Bewusstsein verschleiert und uns von Glaubenser-
kenntnissen abschneidet, weil er unsere Wahrnehmung filtert.
Vielleicht ist das ‚Jenseits' nur ein Jenseits unserer eigenen Wahr-
nehmungsgrenze. Gott kommt aus der Erfahrung des Göttlichen.
Nichts ist so klein, Gott ist noch kleiner, nichts ist so groß, Gott ist
noch größer. Mit dem Denken kann ich die Dimensionen des Göttlichen nicht begreifen. Ich kann aber mit Gott in Beziehung treten,
indem ich das Denken ‚ausziehe' – wie Mose seine Schuhe – und
nur noch bin. Es kann sehr befreiend sein, wenn ich z. B. meditiere
oder positive, heilsame Gefühle in mir kultiviere und mein Gehirn nicht weiter durch permanente Stressbotschaften überfordere.
Wenn ich das Denken für einen Moment ausschalte und ganz bei
mir selbst bin, mich im Ein- und Ausatmen eine Ruhe durchströmt,
die mich alles Analysieren und Grübeln vergessen lässt, dann kann
ich zu einem Bewusstsein meiner selbst kommen, das mich in tiefer
Ruhe und Klarheit mein eigenes göttliches Licht schauen lässt, das
selbst in den tiefsten Dunkelheiten nicht verlischt. Das ist das Licht
des Glaubens, reiner Geist, der göttliche Seelenfunke in mir.
Vielleicht sind die Vorstellungen von Gott dem Menschen innerlich
in Form von bildhaften Urszenen der Liebe und Geborgenheit, der
Ruhe und Sicherheit, der Hoffnung und des durch nichts zu begrün-
denden Vertrauens in das Leben.
Ich frage mich, ob es nicht reicht, Glaube und Denken, Geist und
Materie so aufeinander zu beziehen, dass wir Gott und die Welt
einander gleichsetzen und die religiöse Sinnsuche des Menschen
mit den Erkenntnissen der evolutiven Strategien verbinden, denen
wir offenbar all das verdanken, was wir als schön, lebendig und

geistvoll erleben und am Ende sagen können: ‚Die Wahrheit der eigenen Seele ist zugleich die Wahrheit der Welt und in beiden ist Gott.' "

6.B.3 Spirituelle Krisen

Lebendige Religionen kennen spirituelle Krisen auf dem mystischen Weg. Das Erfahren neuer Wirklichkeitsdimensionen löst häufig Krisen aus. Nicht nur das Weltbild gerät ins Wanken. Auch das Selbstbild und bisherige Annahmen zur eigenen Identität werden radikal infrage gestellt. Religiöse Traditionen verwenden hierfür neben sanfteren Bildern wie „Erleuchtung" und „Erwachen"[9] auch das radikale Bild vom „Sterben und Neugeboren werden". Transpersonale Psychologen wie Roberto Assagioli und Stanislav Grof haben hierfür Kategorien und Phaseneinteilungen vorgeschlagen.

Roberto Assagioli konzentriert sich nicht nur auf den eigentlichen Durchbruch, die „initianische Krise" einer positiven Bewusstseinserweiterung. Er gliedert in seiner „Psychosynthese" spirituelle Krisen in vier phasentypische Bereiche:

„1. *Krisen, die dem spirituellen Erwachen vorausgehen.* Hierzu gehören oft Selbstzweifel, Unbehagen, Sinnsuche, Gefühle der inneren Leere, Depression, Grübeln, moralische Ratlosigkeit.

2. *Krisen, die durch das spirituelle Erwachen ausgelöst werden.* Typisch hierfür sind z. B. schwer einzuordnende ekstatische Erfahrungen oder parapsychologische Wahrnehmungen, Selbstüberschätzung, Verlust des Realitätskontaktes, übertriebener Bekehrungseifer.

---

[9] Vgl. Renaud van Quekelberghe, Grundzüge der spirituellen Psychotherapie, Eschborn bei Frankfurt M. 2007, „Metaphern der spirituellen Transformation", 63ff.

3. *Reaktionen auf das spirituelle Erwachen.* Es sind z. B. Verzweiflung, Gefühl der Wertlosigkeit, starke Erlösungs- und Verschmelzungssehnsucht, emotionale Labilität, Verlust der Willenskraft.

4. In der Phase der Bewusstseins- oder Ich-Verwandlung können Ruhelosigkeit, Leistungsabnahme, Erschöpfung, Depression, Gespaltensein zwischen weltlichem Leben und spirituellen Zielen auftreten."[10]

Stanislav Grof schlägt über zehn Kategorien für verschiedene kritische Bewusstseinserfahrungen vor, die einzeln oder kombiniert zu spirituellen Krisen führen können.[11] Renaud van Quekelberghe fasst sie wie folgt zusammen:

„*1. Die schamanische Krise.* In den traditionellen schamanischen Gesellschaften kennt man die sog. ‚schamanische Krankheit'. Oft lässt sich erst nach Jahren entscheiden, ob es sich um eine für die Initiation zum Schamanen förderliche Periode handelte, während der Krankheitssymptome und positive Bewusstseinstransformationsprozesse ineinander übergehen können.

Analog hierzu können bei intensiven spirituellen Krisen halluzinatorische und psychotische Symptome meist für eine relativ kurze Zeit (einige Stunden oder Tage) verstärkt auftreten.

Manifestationen parapsychologischer Phänomene, z. B. übernatürliche Fähigkeiten, Out-of-Body-Erfahrungen, telepathische Phänomene, Visionen, Synchronizitätsereignisse gehören auch hierzu.

2. Die Erweckung der Kundalini. Einige Yoga-Übungen zielen auf zum Teil sehr plötzliche energetische Auf- und Entladungen des ‚psychomentalen Körpers'. Dies kann zu passageren heftigen bzw.

---

[10]   Quekelberghe, a. a. O., 110, Kursivierung SB. Vgl. Roberto Assagioli, Handbuch der Psychosynthese, Grundlagen, Methoden und Techniken, Rümlang/Zürich 2004.

[11]   Stanislav Grof, Das Abenteuer der Selbstentdeckung, München 1987; S. Grof/Christina Grof (Hg.), Spirituelle Krisen, München ⁵2000.

psychotischen Reaktionen führen, zumal wenn die durchzuführenden Yoga-Übungen ohne die nötige Sorgfalt gelehrt bzw. allein exzessiv praktiziert werden.

Verschiedene Phänomene entlang der Energiezentren oder ‚Chakras', allerlei psychosomatische Erscheinungen aus dem grob- oder subtil-körperlichen Bereich gehören hierzu.

3. Das Erleben des Einheitsbewusstseins. Wenn bestimmte Einheits- oder Totalitätserfahrungen unerwartet bzw. schockartig geschehen, können hin und wieder extreme Nachwirkungen folgen, die einer Integration des neu Erlebten im Wege stehen und sich somit negativ auf die alltägliche Lebensgestaltung auswirken können.

Die dunkle Nacht der Seele (i. S. vom Johannes vom Kreuz), Trostlosigkeit und Austrocknung der Seele (‚desolatio et sterilitas animae' im Sinne von Bernhard von Clairvaux), die ‚Zenkrankheit', Ratlosigkeit, Selbstzweifel, Einsamkeit, mystische Verzückungen können je nach spirituell-religiösem Kontext in diesem Zusammenhang auftreten.

4. Psychologische Erneuerung durch Rückkehr zum Zentrum. Die intensive Auseinandersetzung mit bestimmten Archetypen des sog. kollektiven Unbewussten (z. B. der Schatten, Animus/Anima) kann zeitweise zu starken Verzweiflungs-, Trennungs- oder Dissoziationsgefühlen führen.

5. Die Krise der sensitiven Öffnung. Die Zunahme bestimmter sensitiver bzw. paranormaler Fähigkeiten (z. B. Telepathie, Präkognition) ist eine häufige Begleiterscheinung der spirituellen Weiterentwicklung. Allerdings können solche Fähigkeiten manchmal so schlagartig und intensiv aufkommen, dass eine adäquate Einordnung, geschweige denn eine problemlose Integration solcher Erfahrungen zunächst einmal nicht möglich ist. Nicht allzu selten treten Verwirrtheitsgefühle auf, was auch die Angst, psychotisch zu werden, wecken kann.

6. *Erfahrungen aus ,früheren Leben'.* Die Konfrontation mit lebhaften Vorstellungen und Energien aus (scheinbar) früheren Existenzen kann hin und wieder zu erheblichen Schwierigkeiten im Alltagsleben führen.

7. *Kommunikation mit geistigen Führern und ,Chanelling'.* Die direkte Kommunikation mit ,Jenseits-Wesen' oder die Begegnung mit geistigen Entitäten, die bestimmte Anliegen vortragen oder zu befolgende Anweisungen geben, können Menschen erheblich erschüttern.

8. *Nah-Todeserfahrungen.* Seit Moody[12] ... wurde zunehmend über solche Erfahrungen berichtet, die in der Regel ... positive Nachwirkungen nach sich ziehen. Hin und wieder können aber negative bedrohliche Erlebnisse dabei sein und nachhaltige Komplikationen auftreten, die eine nachträgliche therapeutische Beratung oder Behandlung erforderlich machen.

9. *UFO-Erfahrungen.* Die Begegnung mit (vermeintlich) außerirdischen Wesen, gelegentlich sogar mit dramatischer ,Abduktion' in UFO-Fluggeräte, kann zu erheblichen emotionalen und kognitiven Konflikten und Krisen führen.

10. *Besessenheitsrituale.* Wenn die Besessenheit nicht im Rahmen von kulturbedingten, kodifizierten Ritualen geschieht, können die damit einhergehenden Erfahrungen mitunter schwer zugänglich und integrierbar werden."[13]

---

[12] Raymond Moody, Leben nach dem Tod, 1977.
[13] Quekelberghe, a. a. O. (Anm. 9), 111f.

6.B.4 Überdosis – Das eigene Maß finden

Sie können das Mantra mit dem Gaspedal Ihrer Entwicklung vergleichen. Es sammelt Ihre Aufmerksamkeit aus der Zerstreuung
und verbindet Sie mit der Quelle allen Bewusstseins. Das zunehmende Selbst-Bewusstsein und die Kraftströme müssen jedoch
physisch, seelisch und mental verarbeitet werden.

Welches Tempo *Ihnen* guttut, können nur Sie für sich allein bestimmen. In meinen Kursen rate ich allgemein zum hochfrequenten
Üben mitten im Alltag, damit wir möglichst jeden Moment bewusst
erleben und gestalten. Gleichzeitig sind Kriterien wichtig, anhand
derer Sie bestimmen können, wann Ihr Übungstempo für Sie unge-
sund wird.

Ein zu hohes Tempo äußert sich bei vielen durch eines oder mehrere von folgenden Symptomen: Schlaflosigkeit, Benommensein,
Migräne, Hitzegefühle, extreme Anspannung im Körper, Übelkeit
und Schwindelgefühle, Eintauchen in starke Gefühlszustände, die
kaum einen Bezug zur Gegenwart haben.

⌘ „Bedrückt, traurig, unentschieden, schwindelig, entschieden,
Sehnsuchtsgefühl, übel, diffuses Unwohlsein und fast schon migrä-
neartige Kopfschmerzen."

⌘ „Seit Tagen kann ich kaum noch schlafen. Innerlich bin ich ganz
unruhig. In mir spüre ich eine große Spannung, die ich als eine starke innere Anspannung wahrnehme. Es ist so, als stünde ich unter
Strom, als würde ich innerlich vibrieren. Ich fühle mich vollkommen
energiegeladen. Ich komme mir vor wie ein Flummi."

⌘ „Wenn alles gut läuft und ich ein ausgewogenes Maß zum Üben
finde, dann klappt die Willens-Übung ziemlich gut und das Üben
geht fast mühelos nebenbei. Wenn ich zu viel übe, bekomme ich
Schlafstörungen, dafür habe ich dann willensübungsmäßig fast nur
Volltreffer (± 3 Minuten). Wenn ich zu wenig übe, fühlt sich alles ein

bisschen langweiliger an, und die Willens-Übung klappt schlechter. Dafür schlafe ich ein bisschen besser. Na schön, denke ich, dann weiß ich ja, wo meine Mitte ist, und kann versuchen, sie so genau wie möglich zu treffen."

⌘ „Ich übe eifrig und gerne mit dem Mantra. Vielleicht zu viel. Denn ich kann in letzter Zeit sehr schlecht schlafen. Es ist so, als hätte ich Unmengen an Kaffee getrunken."

⌘ „Zu eben dieser Zeit fingen meine Kopfschmerzen an. Ich merkte, dass ich anfing, ständig zu meditieren, damit ich ruhiger werde, damit meine Emotionen nicht so überkochen, damit ich nicht so viel merke – ein völliger Fehlschluss! An demselben Abend habe ich angefangen zu weinen und ich habe am darauffolgenden Abend aufgehört zu weinen. So viel und so bitterlich habe ich noch nie geweint, so verzweifelt war ich noch nie. Ich fühlte mich einsam und verlassen, ich war schrecklich traurig. Ich hatte absolut keine Kontrolle mehr über mich und meine Emotionen.
Beruhigen konnte ich mich nur, indem ich den Fernseher anmachte. Ich sehe sehr wenig fern. Ich schaue eher ausgewählte Filme, in den letzten Wochen hatte ich gar nicht ferngesehen. Ich machte also den Fernseher an und ich merkte, wie mein Innerstes, das sich anfühlte, als wäre es nach außen gekehrt, eine offene Wunde, unglaublich verletzlich, mein Empfänger, wieder nach innen zurückkehrte. Ich stumpfte ab und ich konnte dabei zusehen, es bewusst wahrnehmen, wie ich mich verschloss, wie die Emotionen zugedeckelt wurden. Ich merkte auch, wie das Gewohnheitstier in mir die vielen neuen Erfahrungen, die unglaublichen Glücksmomente, die starken Emotionen, die neue innere Ruhe, die Offenheit und Durchlässigkeit, nun begann anders zu deuten. Alles nur Einbildung, alles Blödsinn. Komm mal wieder runter. Mach mal deinen Kram, die Welt auf der einen Seite, du auf der anderen. Du meinst wirklich, dass du es körperlich fühlen kannst, wie es anderen geht?

190

Niemals! Hokuspokus, egomanisches Wunschdenken, willst wohl was Besonderes sein.

Ich habe festgestellt, dass beides stimmt. Der eigene Fokus bestimmt, was man wahrnimmt. Ich war in letzter Zeit fokussiert auf Stimmungen, auf Verbindungen zwischen mir und der Welt. Dabei habe ich aber vergessen, dass Bodenhaftung durchaus von Vorteil ist, dass ich mich selber nicht ausliefern muss, dass ich mich ein wenig in die Meditation hineingesteigert habe, weil es so spannend ist, etwas Neues zu lernen und ‚Erfolge' zu haben. Ja, ich habe mich mehr für die Effekte als für die eigentliche Meditation interessiert. Ich habe versucht, die Meditation zu benutzen, um etwas zu erreichen. Und ich habe mich genau dadurch noch besser kennengelernt, denn es hat sich eine neue Ehrlichkeit mir selbst gegenüber entwickelt, eine neue Akzeptanz für mein Wesen, eine neue Selbstliebe … *Jesus Christus* … eine zarte Pflanze zwar, die gepflegt werden will, sonst würde sie momentan wieder verkümmern, aber sie ist da. Und ich habe das Gefühl, ich bin dabei, etwas in mir zu entdecken, was schon immer da war, etwas, das ich bisher nicht wahrnehmen konnte, weil so vieles mich davon abgelenkt hat, ganz bei mir selber zu sein, ganz bei mir und damit ganz bei Gott. Fernsehen, Radio, Internet, Telefon – alles zur gleichen Zeit – möglichst effizient. Ich merke mittlerweile sehr schnell, wenn äußere Einflüsse mich zukleistern, wenn ich wie eine Litfasssäule zugeklebt herumgeistere, aber nicht mehr wirklich in meiner Mitte bin, neben mir stehe. Ich traue meiner Intuition viel mehr, ich traue meinem Bauchgefühl, meinem Herzen viel mehr. Ich weiß eigentlich ganz gut, was gut für mich ist, aber ich tue es so selten."

Kriterien für schwere Überdosis

Wer die oben genannten Warnsignale übergeht und nicht pausieren möchte vom Mantra, wird noch extremere Erfahrungen machen. In der Spiritualitäts-Szene sind sie im Begriff „Kundalini-Krise" zusammengefasst. Ursprünglich bezog sich diese kritische Erfahrung auf eine Energie, die durch Yoga-Übungen aktiviert wird und dann entlang der Wirbelsäule emporschießt.[14] Gerät der Energie-Prozess außer Kontrolle, dann ist der Übende körperlichen Erfahrungen wie Fieberschüben oder auch Kälteschüben, Zittern, zeitweiligen Schmerzen im ganzen Körper, die sich diagnostisch schwer erfassen lassen, Taubheitsgefühl in Händen und Füßen, einem starken Sexualtrieb, extremen Gefühlsschwankungen mit Ekstasen, Lachanfällen und Weinkrämpfen sowie dem Hören von Stimmen oder intensiven Visionen ausgeliefert.

Bereits *C. G. Jung* hatte sich als westlicher Psychologe mit diesem Phänomen beschäftigt.[15] Inzwischen haben Psychiater, denen diese spirituelle Entwicklungskrise vertraut ist, eine Differentialdiagnostik entwickelt, um Kundalini-Erfahrungen von einem psychotischen Anfall unterscheiden zu können. Erst dadurch werden angemessene Interventionen möglich.

Der US-amerikanische Psychiater und Mitbegründer der Kundalini-Klinik in San Francisco *Lee Sanella* hat die Unterschiede zwischen der schweren seelischen Erkrankung einer Psychose und der Kundalini-Krise klar herausgestellt: „Ein psychotischer Anfall? Nein, dies ist eine psycho-physische Transformation, ein Prozess der ‚Wiedergeburt', der ebenso natürlich ist wie eine physische Geburt. Pathologisch erscheint dieser Vorgang nur, weil die Symptome nicht zum Ergebnis in Beziehung gesetzt werden: zur psychischen

---

14 Gopi Krishna, Kundalini – Erweckung der geistigen Kraft im Menschen, 1983.
15 Carl Gustav Jung, Die Psychologie des Kundalini-Yoga, Übersetzung aus dem Englischen. Zürich 1998.

Transformation eines Menschen."[16] Nach Sanella geht es um eine Entwicklungskrise in einem evolutionären Prozess, nicht um einen seelischen Verfallsprozess.

Es erscheint mir fragwürdig, die Entwicklungskrisen auf dem Weg des Jesusgebets mit der Erweckung einer körpereigenen Energie gleichzusetzen.[17] Dennoch gleichen sich viele Symptome, da auch beim hochfrequenten Üben mit dem Jesusgebet gewaltige Energien in den menschlichen Körper einströmen.

Starke „Überdosierungsphänomene" können dabei wie folgt erlebt werden:

⌘ „Mittlerweile habe ich andere Erfahrungen gemacht – Meditieren bis zum Kotzen – die Energie steigt mir in den Kopf, ich muss sie irgendwie wieder loswerden, mich erden. Mein ganzer Körper vibriert. Ich fühle mich wie besoffen, laufe wie auf Eiern, der Boden scheint mir wegzugleiten. Überdosis! Sofort aufhören zu meditieren!

Ich habe gesehen, wie sich die Luft bewegt. Ich habe die Luft gesehen. Ja, und ich habe ganz natürlich erstmal nach einer rationalen Erklärung für das Phänomen gesucht: Grillt der Nachbar etwa da auf dem Balkon unter mir? Ist es heiße Luft, die vor meinen Augen flimmert? Nein! Und eigentlich wusste ich es auch schon, während ich es erlebt habe, dass es keine andere Erklärung gibt, als eine erweiterte Wahrnehmung. Nach einigen Minuten war meine Wahrnehmung und Konzentration wieder im Alltagsmodus angekommen und ich sah wieder alles ‚normal'.

---

[16] Lee Sanella, Kundalini-Erfahrung und die neuen Wissenschaften, Essen 1994, Zitat: 9, vgl. zur Differentialdiagnostik 103ff und Dietmar Krämer, Der Aufstieg der Kundalini, Grafing 2008, 67ff.

[17] Dies versucht z. B. der Mönch Thomas Matus, Yoga and the Jesus Prayer, 2010.

Die erste Phase der Meditation ist eine Phase der Reinigung. Ich merke diese Reinigung momentan sehr stark körperlich. Ich habe in meinem Leben nie stark geschwitzt, momentan habe ich das Gefühl, ich schwitze alles aus, schwitze meinen inneren Seelendreck aus. So stell ich mir Fasten vor, ohne weniger essen zu müssen. ☺ Und irgendwie verändert man sich auch äußerlich, also innerlich äußerlich, weil es diese Grenze vielleicht so auch gar nicht gibt. Ich fühle mich schöner, weiblicher, lebendiger. Andere scheinen diese Veränderung auch zu bemerken. Sie lächeln mich an, schauen mir hinterher. Der Geist ist mächtig, die Materie ist schwach – manchmal zumindest zeigt es sich schon ... ☺

Kontrolle über all die neuen Erfahrungen und Möglichkeiten und Wahrnehmungen habe ich noch nicht. Meistens passiert mir einfach etwas. Aber da ich nicht alleine bin, da ich Menschen in meiner Umgebung habe, die auch meditieren, kann ich mich austauschen, fühle mich nicht verrückt, wahnsinnig."

⌘ „Ich kann nicht mehr. Ich habe seit Tagen nur noch das Gefühl neben mir zu stehen. Jeden Abend fühlt es sich an, als reißt etwas an mir. Mein drittes Auge wird warm, dann kalt, dann kribbelt es. Meine Kopfhaut macht Ähnliches.

Eben gerade dachte ich auch ich fall um. Weil mir so schwindelig wurde. Ich wollte mich etwas davon lösen, indem ich versuche es zu ignorieren, aber diese Zustände lassen mich kaum los. Ich will mir selbst mit Beten helfen, was das Ganze zu verschlimmern scheint. Ich weiß nicht mehr, was ich tun soll. Ich merke zwar, dass dieser Zustand mich nicht umbringt, aber ich befürchte wahnsinnig zu werden, wenn das so weiter geht. Zudem hatte ich einen Traum, in dem ich mit einem Flugzeug abgehoben bin. Ich saß ganz vorne und hatte einen Ausblick wie im Bus. Ich fühl mich auch wie abgehoben..."

Beide Personen leiden unter den typischen Symptome, die bei einer zu hohen Übungsfrequenz mit dem Mantra auftreten: Übelkeit, Gleichgewichtsstörungen, eigenartige Körperempfindungen. Beide waren mit den Kriterien für ein zu hohes Tempo vertraut und reagierten auf diese Symptome richtig: Sie nahmen Kontakt mit dem Lehrer auf und stoppten das Üben mit dem Jesusgebet eine zeitlang. Sie ersetzten es durch eine Gefühls-Übung, bei der sie sich intensiv in Ruhe versenkten. Dadurch brachten Sie diese Phase gesund hinter sich.

6.B.5 Auswege aus akuten Krisen: Erdung und Notbremse

6.B.5.1 Erdungsübung

Die Erdungs-Übung stammt aus der taoistischen Meditation.[18] Ich erwähne sie trotzdem in einem Buch über christliche Meditationstechniken, weil ich möglichst viele Sicherungen auf diesem Weg einbauen möchte. In übermütigen Probierphasen meiner Anfängerjahre hat mir diese Übung gute Dienste geleistet, und ich bin meinen taoistischen Lehrern dafür dankbar. Sie gaben uns Neulingen die Erdungs-Übung (wie ich sie hier nenne), damit wir der Kundalini-Energie nicht steuerungslos ausgeliefert sind. Weil auch Übende auf dem Weg des Jesusgebets gute Erfahrungen mit ihr gemacht haben, nehme ich sie mit in dieses Buch auf.

Die Erdungsübung gibt es in zwei Varianten. Beide unterscheiden sich nach Zeitaufwand und Wirkungsgrad.

Kleine Erdungs-Übung

Sie stehen entspannt, die Füße dicht beieinander, und drücken beide Fußknöchel leicht zusammen.

Sie heben die Arme, als würden Sie über Ihrem Kopf einen langsamen Wasserball fangen wollen.

Sie stellen sich vor, dass eine Energiewolke Sie umhüllt. (Oder dass Sie in einer Wassersäule stehen.)

Jetzt führen Sie beide Hände über dem Kopf an den Fingerspitzen leicht zusammen. Die Handflächen weisen nach unten. Ganz langsam drücken Sie mit den Händen diese Energiewolke (oder den Wasserspiegel) vor Ihrem Oberkörper nach unten. Die Oberfläche des Wassers geht durch Ihren Körper hindurch, also auch hinter Ihrem Rücken weiter. Aber es reicht völlig aus, wenn Sie

---

18 Mantak Chia, Gesundheit, Vitalität und langes Leben, Berlin 2004.

diesen Wasserspiegel *vor* Ihrem Körper herunterdrücken. Ab der Hüfte reicht es aus, wenn Sie dies gedanklich tun.

Sie können die Übung auch im Alltag einsetzen, um sich aus alltäglichem Stress „herunterzufahren".

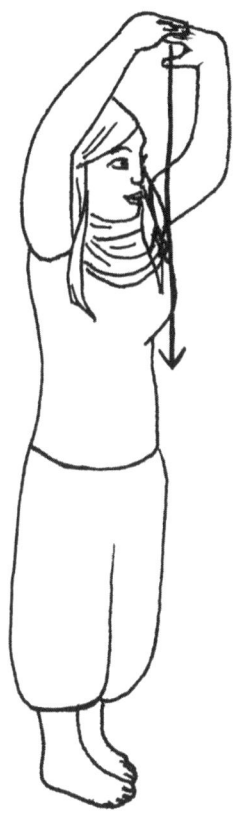

Abbildung 4: Kleine Erdungs-Übung

⌘ „Ich achte mehr auf mich und fahre mich manchmal gezielt runter mit dieser Übung, sich eine Glasscheibe oder Wasser um sich herum vorzustellen und herunterzudrücken."

Große Erdungs-Übung

Die „große Erdungs-Übung", wie ich sie nenne, heißt in der taoistischen Meditation „Kleiner Energiekreislauf". Mit Hilfe innerer Bilder
sollten wir westlichen „Taoisten" lernen, die aufsteigende Energie
wieder in die Füße und in die Erde zu leiten, damit sie uns nicht
zu Kopfe steigt und hier Probleme bereitet, wie sie bei Kundalini-
Krisen bekannt sind.

Sie stehen als würden Sie einen Wasserball vor sich umarmen. Das
Gewicht liegt möglichst auf den Fersen.

Sie stehen möglichst nicht im Hohlkreuz. Im Idealfall ist die Wirbelsäule ist leicht nach außen gewölbt und wie eine kleine Säge auf
dem Rücken fühlbar nach außen gedrückt. (Keine Sorge: Wenn Sie
das nicht schaffen, funktioniert die Übung immer noch.)

Lassen Sie Ihre Schultern locker nach unten hängen und ziehen
Sie sie nicht hoch, während Sie Ihren imaginären Wasserball vor
sich halten.

Stellen Sie sich als Bild vor: Zwei Energieströme fließen *außen* an
den Beinen hinauf. Unten im Schritt verbinden sich beide Ströme.

Der vereinte Strom fließt jetzt außen an der Wirbelsäule hoch.

Er fließt weiter über die Mitte des Kopfes.

Dann fließt er an der Nase entlang das Gesicht hinunter.

Ihre Zungenspitze liegt entspannt hinter den oberen Schneidezäh-
nen. Der Strom fließt über die Zungenspitze, dann vorne am Hals
hinab und am Brustbein und an der Mittellinie des Oberkörpers herunter. Zwischen den Beinen teilt sich der Strom. Ab hier fließen
zwei kleine Ströme *innen* an den Beinen hinunter. (Innen ist die
Yin-Seite – Yin-Energie fließt abwärts. Außen ist die Yang-Seite.
Yang-Energie fließt aufwärts.) Die Ströme fließen unten durch die
Fußsohlen in die Erde hinein.

Nächste Runde: Aus der Tiefe der Erde steigen zwei Energieströme *außen* an den Beinen hinauf … Das lässt sich ziemlich rasch
einüben. Zur Sicherheit können Sie diese Übung täglich 5 Minuten praktizieren. Wenn eine Überdosis Sie plagt, dann können Sie
die Übung beliebig oft wiederholen. Hier ist keine Überdosierung
möglich.

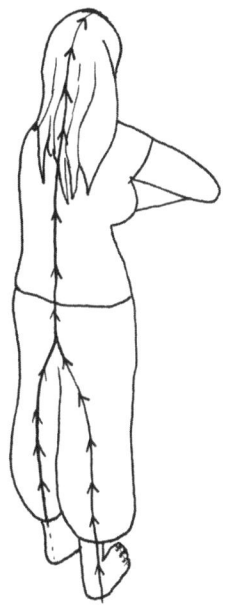

Abbildung 5: Große Erdungs-Übung

Auch wenn ich Ihnen all diese Hilfsmittel nenne, damit Sie aku-
te Krisen meistern können, muss klar bleiben: Es handelt sich
um Hilfsmittel, damit Sie eine katastrophale Nacht oder mehrere schwindelige Tage besser überstehen. Die eigentliche Ursache:
dass Ihre Übungsfrequenz mit dem Mantra zu hoch ist – verweist
zugleich auf die wichtigste Steuerungsebene: Pausieren Sie mit
dem Mantra!

6.B.5.2 Die Notbremse

Manchmal ist es zu spät für Vorsicht, und die Krise ist da. Dies kann besonders Anfängern passieren, die ihr eigenes Tempo noch nicht kennen und die etwas draufgängerisch sind.

Um zu verhindern, dass Sie sich in einer Krisenstation wiederfinden, nenne ich im Folgenden Akut-Maßnahmen,[19] als Erste Hilfe in spiritual emergency. Jeder ernsthaft Meditierende auf diesem Weg sollte sie kennen und (wie die Erdungs-Übung) beherrschen, bevor es zu solch akuten Krisen kommt.

Auch hier wäre die beste Maßnahme: der sofortige Kontakt mit dem Lehrer oder mit erfahrenen anderen Meditierenden. Sie können über Rat und verbale Hilfe hinaus unmittelbar in Ihr Kraftfeld eingreifen und Sie in einen gelassenen Zustand zurückführen.

Besser als spezielle Erdungsübungen ist *das Verwurzeltbleiben im Alltag.* Halten Sie sich nie für zu erleuchtet, um weiterhin Hausarbeit, Verwaltungstätigkeiten und andere Arbeit zu leisten. Die spirituellen Übungen dürfen Sie nie von Ihren gewohnten Alltagsgeschäften abhalten. In Krisen werden Sie sogar erfahren, dass Sie hier Struktur und Halt finden. Nichts führt Sie stärker in Ihr bisheriges Leben zurück als Ihre Kollegen und Arbeitsroutinen. Selbst die Wüstenmönche und die Mönche vom Athos verrichten neben dem Beten einfache Arbeiten.

In akuten spirituellen Krisen werden darüber hinaus Mittel zur sofortigen Stabilisierung wichtig – spätestens dann, wenn man keine Ruhe mehr visualisieren kann.

---

[19] Vgl. zu körperlichen Aspekten zu rasch forcierter spiritueller Entwicklungen: der Psychiater Lee Sanella, Kundalini-Erfahrung und die neuen Wissenschaften, Essen 1994; Dietmar Krämer, Der Aufstieg der Kundalini, Grafing 2008.

Akut-Hilfe in Kundalini-Krisen

Auch wenn ich davon ausgehe, dass die spirituellen Umbrüche auf dem Weg des Jesusgebets bzw. der Mantra-Meditation von Kundalini-Krisen zu unterscheiden sind, gibt es dennoch Gemeinsamkeiten. Daher bewähren sich Notmaßnahmen für Kundalini-Krisen auch bei „Tempo-Unfällen" in der Mantra-Meditation.

Im Folgenden liste ich Notfallmaßnahmen auf, die Dietmar Krämer erfolgreich bei Kundalini-Patienten eingesetzt hat. Er stützt sich hierfür auf die Vorarbeiten des Arztes Lee Sanella.

- *Meditations-Stopp!* „Sofort mit jeder Art von Meditation, energetischen Übungen und allen Praktiken, die das Erwachen der Kundalini zur Folge hatten", aufhören. „Selbst das Singen von Mantras ist zu unterlassen".[20]
- *Schweinefleisch und Rauchen*: „Die zweite Sofortmaßnahme besteht darin, den Körper zu ‚erden'. Dies gelingt am einfachsten durch Verzehr von Fleisch, wobei Schweinefleisch den intensivsten Effekt zeigt." Kundalini-Symptome hören unmittelbar danach auf, und die Wirkung hält eine zeitlang an.[21] Auch „Rauchen ... ‚erdet' und bremst infolge seiner selbstzerstörerischen Wirkung auch die Kundalini."[22] Fleisch zu essen hat aber den größeren Effekt.[23]
- *Ruhe*: „Die dritte ... wichtigste Notfallmaßnahme besteht in der absoluten Kontrolle aller Emotionen, die sich auf den durchgemachten Kundalini-Prozess beziehen. Die Kundalini verstärkt sämtliche Emotionen, positive wie negative. Auf diese Weise

---

[20] Krämer, a. a. O., 73.
[21] A. a. O., 74.
[22] A. a. O., 81.
[23] Ebd.

wird aus Angst sehr schnell Panik, und aus Panik entstehen rasch paranoide Wahnvorstellungen."[24] „Vielfach macht die Panik – ‚Was geschieht mit mir?' – den größten Teil des Leidensdrucks aus. Vertrauen auf Gott ist hier sehr hilfreich."[25]

- *Energieübertragung durch den Lehrer.* Ein entwickelter spiritueller Lehrer kann durch Meditation oder Gebet genau die Kräfte erzeugen und dem Schüler senden, die den Kundalini-Prozess in gesunde Bahnen lenken können.[26]

- *Alkohol und Drogen unbedingt meiden!* „Alkohol wirkt auf das Bewusstsein, indem er in steigender Dosierung einen zunehmenden Kontrollverlust erzeugt. Dieser Prozess findet auf feinstofflichen Ebene bereits bei sehr kleinen Mengen statt."[27] Auch auf Haschisch ist zu verzichten. Es ist wegen seines spirituell öffnenden Effektes unter indischen Yogis sehr beliebt.

Empfohlene Rücksprache mit einem homöopathisch arbeitenden Arzt

Homöopathie ist Informations-Medizin, die in den Mental- und Emotionalkörper des Menschen eingreift. Durch diese Inputs kann sie ähnlich wirken wie Meditationsübungen. Die folgenden Informationen greifen auf Hinweise von homöopathisch arbeitenden Ärzten zurück. Sie ersetzen keinesfalls die erneute Konsultation, Diagnosestellung und eine individuelle Medikation. Fragen Sie Ihren homöopathisch arbeitenden Arzt, inwieweit folgende Mittel in spirituellen Akut-Krisen für Sie hilfreich sein könnten:

- Plumbum silicium D 30 von Weleda, Ampulle
- Tabacum Cupro cultum Rh D 3 von Weleda
- Ampulle Cimicifuga D 3 von DHU, Streukügelchen
- Ferrum sidereum D 20, Tabletten

---

[24] A. a. O., 75.
[25] Ebd.
[26] A. a. O., 78f.
[27] A. a. O., 80.

6.B.2 Mystische Verlockungen und Wahnsinn

Wer auch die extremen Symptome einer starken Überdosis ignoriert, riskiert dauerhafte körperliche und geistige Schäden oder sogar sein Leben.

Palladius von Helonopolis war zwischen 388 bis etwa 400 selbst Wüsteneineinsiedler und dort Schüler des berühmten Evagrius Ponticus. Aus eigener Erfahrung erzählt er in der „Historia Lausiaca" neben hoch entwickelten Fähigkeiten auch vom Scheitern der Mönche.

Der junge Einsiedler *Heron* aus Alexandrien war feinsinnig, gebildet und lebte tadellos. „Nachdem er strenge gelebt hatte, befiel ihn unbändiger Hochmut, so dass er mit Verachtung auf die Väter sah und sogar den seligen Euagrius [Evagrius Ponticus – SB] schmähte mit den Worten: ‚Die deiner Lehre folgen, gehen irre; denn man darf keinen anderen Lehrer haben als Christum allein.'"[28] Er weigerte sich künftig auch, an den Ritualen der Eucharistiefeier teilzunehmen. Ohne äußere Korrektur landete er im Theater, auf der Rennbahn und in Kneipentouren.

Der Einsiedler *Valens* war nicht mehr in der Lage, Visionen des Teufels und seiner Engel von Christuserscheinungen zu unterscheiden. Er hielt sich für besonders hoch entwickelt und sonderte sich von der rituellen Gemeinschaft der Mitbrüder ab, bis sie ihn wieder zur Besinnung brachten.

Warnend berichten auch immer wieder Athosmönche von Mitbrüdern, die auf diesem Weg verrückt wurden. Da war zum Beispiel jener *„erbarmungslose Mönch"*, der „sterile Askese ohne Liebe und

---

[28] Palladius, Historia Lausiaca, berichtet über das Scheitern der Einsiedler Valens 60f, Heron 61-63 und Ptolemäus 63.

Unterscheidung betrieb".[29] „Er sprach mit keinem Bruder, sondern schloss sich in seine Zelle ein, um sich ... auf egoistische Weise zu zwingen, heilig zu werden."[30] „Er begann sich zu brüsten, dass er das Maß der heiligen Väter erreicht habe und Heilige sehe, Engel, Lichter usw."[31] Eines Tages sprach ein angeblicher Engel zu ihm: „Mach dich schnell bereit, Vater ..., denn bald komme ich wieder und nehme dich mit. ... steig schnell auf das Fensterbrett, damit ich dich mitnehme."[32] Seine Brüder fanden ihn zerschmettert auf dem Klosterhof.

Ein anderer Athos-Mönch „gab sich großen Kämpfen hin, doch leider mit Phantasien und einer hohen Meinung von sich selbst. Nach und nach hörte er auf, die Göttliche Kommunion zu empfangen, weil er seinem Gedanken glaubte, der ihm sagte, er habe die Göttliche Kommunion nicht mehr nötig, da Christus in ihm wohne. Er nahm nur das Antidoron[33], und oftmals war dies für ihn die einzige Nahrung des Tages. Er fastete gewaltig. Geweihtes Wasser trank er nie. Der Elende sagte: ‚Ich bin schon geheiligt. Selbst mein Urin ist geheiligt, und ich trinke davon wann ich will.' "[34] Die Brüder schlossen ihn zu seiner Sicherheit im Turm des Klosters ein. Nach einem Selbstmordversuch, den der Mönch als Martyrium unternahm, kam er durch das Gebet der Brüder zu Besinnung und schloss sich der Klostergemeinschaft und ihrer Rituale wieder an.

Der Wahnsinn entfaltet sich zu voller Blüte, wenn der Betende sich von der Gemeinschaft zurückzieht. Das häufigste Motiv hierfür ist

---

[29] In: Paissios der Agiorit, Athonitische Väter und Athonitisches, Souroti bei Thessaloniki [11]2005,180-183.

[30] 181.

[31] Ebd.

[32] 182.

[33] Antidoron (griechisch ἀντίδωρον, „Ersatzgabe") heißen in einigen orthodoxen Kirchen gesegnete Brotstücke, die nach dem Gottesdienst ausgeteilt werden. Sie gelten nicht als Leib Christi und können daher an alle ausgeteilt werden.

[34] 183. Vgl. 183-185.

Stolz, weil man sich für spirituell höher entwickelt hält als die anderen. Gleichzeitig verdeutlichen solche Berichte, was einen vor spirituellem Wahn schützt: das Feedback einer Gemeinschaft, Korrekturen durch einen Lehrer und das Kraftfeld von Ritualen – im Christentum: die rituelle Vereinigung mit Jesus Christus in der Eucharistie.

Gegenwärtig wird Spiritualität, im Trend der Gesellschaft, auf einen individuellen Weg verkürzt. Gemeinschaftliche Aspekte, überlieferte Erfahrungen früherer Mystiker und rituelle Klärungsprozesse werden dabei ausgeblendet. Risiken sind dadurch vorprogrammiert.

6.B.3 Einheitserfahrungen

Eine mystische Entwicklung bietet mehr als seelische Heilung. Sie verwandelt unser Bewusstsein und lässt uns weitere Dimensionen der Wirklichkeit erkennen. Die mystische Tradition spricht von den Stufen der „Erleuchtung" und der „Vereinigung" mit unserem Ursprung. Dennoch wirkt sich die mystische Einheitserfahrung auch heilsam auf seelische Störungen aus.

Renaud van Quekelberghe, Professor für Klinische Psychologie, bedauert, dass agnostisch und atheistisch eingestellte Psychologen die wichtigste Heilungsquelle aus dem therapeutischen Prozess ausklammern. Seit den 1990er Jahren hat hier ein Umdenken eingesetzt, denn empirische Untersuchungen belegen inzwischen: Entgegen Freuds Annahmen in „Die Zukunft einer Illusion" (1927) führt Religion kaum zu magischen Abwehrformen, intensiven Verleugnungen und lähmender Passivität. Das Gegenteil ist erwiesen: Empirische Untersuchungen belegen inzwischen, dass religiös eingestellte Personen sogar stärker als nichtreligiöse Personen direkte und aktive Auseinandersetzungen mit Krisen bevorzugen.[35]

Psychologen wie *David Lukoff* kämpfen „für die Einführung einer nicht-pathologisierenden Kategorie in Bezug auf außergewöhnliche transpersonale Erfahrungen in die US-amerikanische, psychiatrische Klassifikation DSM-IV".[36] Quekelberghe hält fest, dass Untersuchungsmethoden, die spirituellen Praktiken angemessen sind, teilweise erst noch entwickelt werden müssen: „Darüber hinaus ist

---

[35] Renaud van Quekelberghe, Grundzüge der spirituellen Psychotherapie, Eschborn bei Frankfurt M. 2007, 91. – David Lukoff, The diagnosis of mystical experiences with psychotic features, in: Journal of Transpersonal Psychology 17 (1985), 155-181. Lukoff/H. C. Everest, The myths in mental illness, in: Journal of Transpersonal Psychology 17 (1985), 123-153. Lukoff/Francis G. Lu/Robert Turner, Toward a more culturally sensitive DSM-IV. Psychoreligious and psychospiritual problems, in: Journal of Nervous and Mental Disease, 180 (1992), 11, 673-682.
[36] Quekelberghe, a. a. O., 113f.

nicht auszuschließen, dass spirituelle oder religiöse Praktiken wie das Gebet oder Meditieren subtile gesundheitsfördernde Bewusstseinstransformationen in Gang setzen, die zwar z.Z. kaum erforschbar erscheinen, die aber – wie z. B. bestimmte Psi-Phänomene[37] – eines Tages leichter erfasst und erklärt werden können."[38]

Auch gegenüber mystischen Einheitserfahrungen werden inzwischen pathologisierende Vorurteile abgebaut. Stattdessen werden sie zunehmend auf positive Wirkungen für die seelische Gesundheit untersucht.[39]

William James beschrieb erstmalig 1902 in seinem Buch „Die Vielfalt religiöser Erfahrungen" spirituelle Einheitserfahrungen aus der Sicht der akademischen Psychologie und versuchte sie zu systematisieren. Er unterschied dabei vier konstitutive Merkmale:

- „Unaussprechlichkeit: Diese Erfahrungen lassen sich kaum mit verbalen Ausdrucksweisen richtig beschreiben bzw. mitteilen.
- Tiefe Einsicht: Solche Einsichten reichen weit über diskursive oder argumentative Formen des rationalen Verstandes hinaus.
- Vergänglichkeit (engl. transience): Solche intensiven Erfahrungen dauern in der Regel nur kurze Zeit an und können oft nicht vollständig erinnert werden.
- Passivität: Der Erfahrende hat fast immer das Gefühl, dass er von sich aus das Erlebnis nicht aktiv kontrollieren kann. Mitunter fühlt er sich wie von einer ‚höheren Kraft' (Wesen, Gnade etc.) inspiriert oder gelenkt."[40]

---

[37] Begriff aus der Parapsychologie für Phänomene wie Telekinese und außersinnliche Wahrnehmungen wie Hellsehen, Telepathie und Präkognition. Präkognition bezeichnet die Fähigkeit, in die Zukunft zu sehen. Psychokinese bzw. Telekinese bezeichnet die Fähigkeit, Dinge durch mentale Kräfte zu bewegen. Vgl. die Übersicht zum Forschungsstand durch die Neurowissenschaftlerin Diane Hennacy Powell, Das Möbius Bewusstsein, München 2009.

[38] Quekelberghe, a. a. O. (Anm. 35), 87.

[39] A. a. O., 78.

[40] Quekelberghe, a. a. O., 96f mit William James, Die Vielfalt religiöser Erfahrung, hg. v. Eilert Herms, Olten/Freiburg 1979. Herv. SB.

Im Einheitsbewusstsein bleibt, gegenüber der Erfahrung von Nondualität, noch „eine gewisse Trennlinie zwischen Ich und Welt, Subjekt und Objekt, Erkennendem und Erkanntem, Erfühlendem und Erfühltem etc. ... irgendwie wahrnehmbar"[41]. Psychologen haben inzwischen weitere Merkmale zusammengetragen wie:

- „eine allumfassende Stille und Friedfertigkeit,
- ein alles durchdringendes, ‚nicht-natürliches' Licht,
- eine vibrierende, einheitliche ‚psychophysische Energie',
- eine tiefe Intimität mit allen Bewusstseinsformen und -phänomenen,
- eine allgegenwärtige tiefe, warmherzige ‚Präsenz',
- eine unzertrennbare endlose Totalität,
- eine grenzenlose Liebe, Hingabe oder All-Güte,
- eine unerschöpfliche Potentialität über jede Beschränkung weit hinaus,
- eine unübertreffliche ‚Einfachheit' oder ‚Klarheit' in allen Phänomenen,
- eine alles erfassende ‚dynamische Leere',
- ein unergründlicher Ur- und Abgrund aller Bewusstseinsinhalte und -formen,
- eine Vollkommenheit oder Perfektion über jeden Mangel erhaben, etc."[42]

---

[41] Quekelberghe, a. a. O., 97.
[42] Quekelberghe, a. a. O., 97f mit Robert K. C. Forman, What does mysticism have to teach us about consciousness?, in: Journal of Consciousness Studies 5 (1998), 185-201.

Robert K. C. Forman beschreibt das Einheitsbewusstsein durch die Merkmale:

„1. Es wirkt Ich-dezentriert, Ego auflösend.

2. Es ist maximal bejahend bzw. nicht bewertend.

3. Es ist ohne Rest, zeit- und grenzenlos.

4. Es wird geprägt durch Gefühle der Dankbarkeit, Friedfertigkeit, Stille oder ‚Gnadenfülle'.

5. ‚Barriere-Gefühle' wie Angst, Hass, Wut, Neid, Hochmut, Zweifel etc. sind hier nicht anzutreffen."[43]

Einheitserfahrung oder Psychose?[44]

Im psychotherapeutischen Kontext der Moderne wurden Einheitserfahrungen und andere mystische Erlebnisse vorrangig als krankhafte Prozesse diagnostiziert. Aus der Sicht des deutschen Psychologie-Professors Renaud van Quekelberghe liegt dies daran, dass „sehr wenig Psychotherapeuten und Psychiater sich systematisch mit einem solchen Bewusstseinspotential in Ausbildung und Forschung auseinandergesetzt haben" und dass „solche Erlebnisse fälschlicherweise mit dem exzessiven Gebrauch illegaler Drogen (z. B. Meskalin, Ecstacy, LSD) nach wie vor eng assoziiert werden".[45]

---

[43] Quekelberghe, a. a. O., 99.
[44] Vgl. Quekelberghe, a. a. O., 101-103: „Spirituelle Einheitserfahrungen als psychischer Gesundheitsfaktor und Quelle von Resilienz".
[45] A. a. O., 103.

Inzwischen liegen jedoch zahlreiche differentialdiagnostische Untersuchungen vor. Mystische Einheitserfahrungen unterscheiden sich von schizophrenen und psychotischen Erlebnissen vor allem durch ihre positiven Nachwirkungen:

- „eindeutige positive und vorübergehende Emotionen,
- Fehlen von Zwangsimpulsen,
- merklich reduzierte Zentrierung auf das Ich,
- gesteigertes, soziales Mitgefühl,
- intakte logische Urteilsfähigkeit,
- nur selten auftretende negative akustische Halluzinationen (Stimmen)."[46]

Selbst „bei psychotischen Personen haben mystische Erfahrungen, wenn sie auftreten, keine verheerenden Nachwirkungen".[47] Bereits William James und Evelyn Underhill wiesen darauf hin, dass mystische Erlebnisse eine „Quelle für Resilienz und deutliche Stärkung des menschlichen Lebenssinnes, der Lebens- und Selbstbejahung" sind.[48] Nach einer langen Zeit wissenschaftlicher Ignoranz begannen Psychologen in den 1980er Jahren damit, das therapeutische Potenzial von Einheitserfahrungen näher zu untersuchen. Einhellig widerlegen sie die Vorurteile des modernen Mainstreams. Mystische Einheitserfahrungen heilen Menschen in lebensbedrohlichen Situationen, bei der chronifizierten Trauerreaktion, bei posttraumatischen Belastungsstörungen und tragen nachweisbar zur Überwindung von Alkoholabhängigkeit bei.[49]

---

[46] A. a. O., 102, vgl. dort die Verweise auf entsprechende Studien.
[47] Ebd.
[48] Ebd.
[49] Nachweise bei: Quekelberghe, a. a. O., 102f.

6.B.4 Mystische Wahrnehmungen

Vater *Paisios* (1924-1994) lebte als Mönch seit 1954 auf dem griechischen Klosterberg Athos. Seit seiner Jugendzeit hatte er Christusvisionen. Menschen, die zu ihm in seine Einsiedelei pilgerten, berichten viele Dinge von ihm, die ein materialistisches Weltbild sprengen. Einen Pilger schickte er zu dessen schwerkranker Frau zurück, mit den Worten, sie sei gesund. In diesem Moment wurde sie tatsächlich geheilt. Paisios sah den Tod von Menschen voraus. Er begrüßte ihm unbekannte Pilger mit deren Namen. Er antwortete auf Fragen, die Pilger nur gedacht hatten. Zu einem von ihnen sagte Paisios: „Ich lese Dich wie ein Buch."[50]

Für ihn und andere orthodoxe Nonnen und Mönche gelten mystische Erkenntniswege als nichts Übernatürliches. Im Gegenteil: Sie sehen darin das Wiedererlangen unserer „normalen Fähigkeit der menschlichen Seele". Wir haben diese Fähigkeiten zwar durch kulturelle Überformung verloren. Doch Paisios meint: „Gott hat uns so erschaffen, dass wir einer den anderen verstehen. Die Sünde hat eine Mauer zwischen den Menschen gebaut. Reinigt man sich von der Sünde, kommt die natürliche Durchsichtigkeit der Seelen wieder zurück."[51] Diese direkten Kommunikationsformen sind gottgewollt und in jedem Menschen angelegt. Wer sie verwirklicht, dessen Herz wird nach Paisios wieder zu einer „Stätte der Theophanie", einem Ort an dem Gott gegenwärtig wird.[52]

---

[50] Andreas Müller, Geistliche Väter als Lebensbegleiter. Ein Beitrag zur Seelsorgepraxis in der ostkirchlichen Orthodoxie, in: IKZ 89 (1999), 209-251, hier: 237. Vgl. von Paisios: Paisios der Agiorit, Athonitische Väter und Athonitisches, Sourotí bei Thessaloniki, [11]2005.

[51] Müller, a. a. O., 242. Vgl. den heutigen Forschungsstand dazu bei der Neurologin Diane Hennacy Powell, Das Möbius Bewusstsein, München 2009.

[52] Müller , a. a. O., 242, Anm. 185.

Der „*Russische Pilger*", der mit derselben mantrischen Gebetsformel betete wie die orthodoxen Mönche und Nonnen, beschrieb seine mystischen Erfahrungen mit den Worten: „Mitunter empfand ich die allergrößte Freude beim Anrufen des Namens Jesu Christi und erkannte, was das Wort bedeutet … ‚Das Reich Gottes ist in euch' (Lk 17,21). Da … merkte ich, dass sich die Folgen des Herzensgebets auf dreifache Weise kundtun: im Geist spürt man beispielsweise die Süßigkeit der Liebe Gottes, ein Verzücktsein des Geistes, Reinheit der Gedanken, ein beseligendes Denken Gottes; im Gefühl – eine angenehme Erwärmung des Herzens; alle Gliedmaßen sind erfüllt mit Süßigkeit, freudiges Beben des Herzens, Leichtigkeit und Frische, man empfindet das Leben als angenehm; für Krankheiten und Kummer wird man unempfindlich; in den Offenbarungen – eine Durchleuchtung der Vernunft, Eindringen in die Heilige Schrift, man versteht die Sprache der Schöpfung, ist losgelöst vom irdischen Getriebe und erkennt die Süßigkeit des inneren Lebens, ist der Nähe Gottes gewiss, desgleichen seiner Liebe zu uns".[53]

Der russische Pilger vertritt kein materialistisches, sondern ein mystisches Menschenbild. Daher erscheinen ihm sogenannte „Psi-Phänomene" wie Hellsehen oder der Kontakt zu seinem verstorbenen Meister als normal, wenn ein Mensch seinen Geist durch das Jesusgebet sammelt. „Die menschliche Seele ist verhältnismäßig durch den Ort und durch das Dingliche nicht gebunden. Sie kann auch in der Dunkelheit sehen, auch sehr Entferntes, wie auch das, was in der Nähe geschieht. Wir geben dieser seelischen Fähigkeit nur keine Kraft und keinen freien Lauf, und wir unterdrücken sie, sei es durch die Fesseln unseres feisten Leibes oder durch die Verworrenheit unserer Gedanken und durch unser zerstreutes We-

---

[53] Emmanuel Jungclaussen (Hg.), Aufrichtige Erzählungen eines russischen Pilgers, Freiburg 2010, 59f.

sen. Wenn wir uns aber gesammelt haben, wenn wir uns von der Umgebung lösen und unseren Geist verfeinern, wird die Seele ihrer Bestimmung zugeführt und wirkt im höchsten Grade, zumal dies eine natürliche Sache ist."

Renaud van Quekelberghe bestreitet solche Phänomene nicht mehr wie atheistisch oder agnostisch voreingenommene Psychologen. Er bringt solche Fähigkeiten mit der Erfahrung des Einheitsbewusstseins zusammen. „Nicht selten können solche Erfahrungen in unmittelbarer Todesnähe beobachtet werden. Über Psi-Phänomene, subtile Körpererfahrungen (bis hin zu sog. ‚Wunderheilungen') wird vermehrt beim Erleben des Einheitsbewusstseins berichtet."[54]

Auf dem mystischen Weg von MTP geht es nicht darum, diese Fähigkeiten zu erlangen, sondern um eine Verwandlung des Menschen von einem Perfektionisten in einen Liebenden. Dies ist zugleich der natürlichste Weg, wie sich solche Fähigkeiten von alleine entwickeln werden. Denn dann wird „die Mauer zwischen den Menschen" abgebaut. Dadurch „kommt die natürliche Durchsichtigkeit der Seelen wieder zurück", wie Paisios es sagt (s. o.).

Solche Erfahrungen machen in Ansätzen auch Schüler auf dem MTP-Weg, wenn sie mit den alten überlieferten Mönchstechniken im verstärkenden Kontext christlicher Rituale üben. Da sich dieser Prozess schwer in Worte fassen lässt, gebe ich den authentischen Beschreibungen breiteren Raum.

✣ „Wenn ich zurückdenke, wie ich als Kind und Jugendliche war, wie ich gedacht habe, wenn ich meine Bilder anschaue, die ich in den letzten Jahren gemalt habe, habe ich wohl schon immer gemerkt, dass die sichtbare Welt, die greifbare Welt nicht alles ist und sein kann. Ich habe es instinktiv gewusst und intuitiv gefühlt.

---

[54] Quekelberghe, a. a. O. (Anm. 35), 99.

Es gibt etwas hinter dem Vorhang, ein Jenseits unserer sinnlichen Wahrnehmung, vielleicht kann man so was dann mit dem 6. Sinn bezeichnen. Mir wurde aus diesem Grunde immer eine rege Phantasie unterstellt. Wie ich denn meine Träume für real halten könne? Naja, irrealer als die Realität, in der wir meinen zu leben, sind sie ja wohl nicht – meine trotzige Reaktion. Die Relativität von Zeit ist mir auch schon ziemlich früh bewusst geworden, die Absurdität mancher Situationen, als hätten sich der Regisseur und der Bühnenbildner einen Spaß gemacht, die Macht von Worten und die Beseeltheit von Dingen. Wenn ich hier von Bewusstsein rede, meine ich ein intuitives Wissen, keine Gewissheit. Ich habe meinem ‚Bauchgefühl' nicht vertraut, weil es so ganz anders entschieden hätte, als meine Umgebung es für richtig hielt – für ein Kind unmöglich, sich ständig gegen erwachsene Autoritäten zu wenden! So blieb es dann z. B. einfach bei meinen Bauchschmerzen, wenn wir bestimmte Freunde, Familienangehörige besuchen wollten, wenn ich bestimmte Räume betreten habe. Diese Abwehr wurde gerne vereinfacht als Schüchternheit gedeutet."

⌘ „Wenn es in einem Raum ruhig ist, nehme ich Schatten war, die sich wie undefinierbare Wesen bewegen. Auf unserer Altenheimstation lagen einmal mehrere Menschen im Sterben und in einem anderen Zimmer war ein Mann, der keinen Elan mehr zum Leben hatte. An seine Stirn kam ein klar zu erkennendes Wesen, welches einen neugierig schnüffelnden Eindruck machte. Ich verscheuchte es, indem ich ‚Verschwinde!' sagte. Es hat mich wohl verstanden. Eine andere Frau starb und bedankte sich (schon verstorben) bei mir, weil ich sie getröstet hatte. Dies tat sie aber nicht mit Worten, sondern auf der Gefühlsebene. Auch dies ist schwer in Worte zu fassen. Ich wusste aber, dass sie es war. Mein Geruchssinn ist noch viel feiner geworden als früher. Und auch auf weitere Entfernung nehme ich andere Menschen geistig wahr."

Das Buch, das Sie gerade lesen, ist nur ein Einsteiger-Buch. Aus meiner Sicht als Kursleiterin fände ich es jedoch unverantwortlich, wenn ich Ihnen nicht die ganze Landkarte in Umrissen aushändigen würde. Die mystischen Übungen lassen sich als Coaching-Techniken und zur seelischen Heilung einsetzen. Sie bleiben jedoch im Kern ein kraftvoller Umformungsweg zur Weiterentwicklung unseres Bewusstseins.

Da vor allem das Unbekannte ängstigt und nicht so sehr die Phänomene selbst, liste ich abschließend einige typische Erfahrungen auf, die Meditierende an der mystischen Schwelle machen können. Ihre ausführliche Erörterung ist Band 3 dieser Trilogie vorbehalten.

Wärme und Kraftstrom

⌘ „Das Jesusgebet öffnet die Verbindungen zu den Chakren, denn mehrfach spürte ich mal am Dritten Auge, dann am Kronenchakra eine Wärme, die sich einstellte, ohne dass ich irgendetwas dazu beitrug.
Wenn mein Kronenchakra sich öffnet, spüre ich eine tiefe Ruhe, fühle mich in meiner Mitte, ja, eine göttliche Verbundenheit, ganz einfach: seine Nähe. Anschließend erfüllt mich dieses Erleben mit tiefer Dankbarkeit, weil ich auch merke, wie meine Seele heilt, und z. B. eine Versöhnung mit belastenden Begebenheiten meiner Kindheit geschieht."

⌘ Bei einer 10minütigen Gruppenmeditation erzählen Teilnehmer von einem „Wärmestrom" und einer Energie, die den Raum verwandelt hat und sie beim Üben getragen hat. Dadurch falle ihnen das Üben in der Gruppe wesentlich leichter.

215

⌘ „Eigentlich war ich die große Skeptikerin was das Thema Mystik und Meditieren betraf. Ich glaubte nicht an übernatürliche Dinge. Aber komisch. Es ist mir etwas passiert. Im Kloster, während des einwöchigen Mystik-Seminars ist es geschehen. Tagelang habe ich während des Meditierens nichts gefühlt, musste immer aus der Übung raus, hatte das Gefühl ich bin vollkommen blockiert und hatte panische Angst vor dem, was hochkommen kann, wenn ich mich tatsächlich fallen lasse.

Während der für mich gefühlt ‚zwangsweise‘ im Kurs durchgeführten Gefühls-Übung kamen wahnsinnige Tränen in mir hoch. Eigentlich aber nur über banale Dinge, die weit in der Vergangenheit lagen. K. hat mir danach erzählt, dass sie mir geholfen hat loszulassen, indem sie sich [im Gebet] auf mich konzentriert hatte. Teilweise war das Gefühl so, als würde mein Brustkorb platzen und ich begann für ungefähr 10 Minuten stark zu weinen. Es wollte einfach raus.

Danach kam die gemeinsame Übung des Jesusgebets. Vorher habe ich maximal 2 Minuten in dieser Meditation bleiben können, bevor ich anfing nervös zu werden. Diesmal konnte ich ohne Probleme 10 Minuten durchhalten. Ich sprach immer: ‚Jesus Christus für meine Ruhe‘. Dadurch war ich ganz still und ruhig. Meine Füße hatten nicht mehr das Bedürfnis ständig zu wackeln. Sie waren einfach am Boden festgeklebt.

Nach diesen 10 Minuten sprachen wir ein weiteres Mal für 10 Minuten das Jesusgebet und es wurde wieder komisch. Erst wollte ich wieder weinen und hatte Schmerzen rechts oben im Brustkorb an einer Stelle, wo ich manchmal Schmerzen habe. Ich hatte das Gefühl, mein Brustkorb wollte sich erweitern, Platz schaffen für Gefühle. Danach ging alles automatisch. Vorher habe ich ‚Jesus Christus für meine Ruhe‘ gebetet. In diesem Moment schwang es, wie von selbst zu: ‚Jesus Christus für meine Heilung‘ über. Mir wurde warm, meine Füße wurden ganz schwer, meine Arme dagegen total leicht. Es war kein richtiges Gefühl mehr im Körper. Alles war ganz leicht und schön, nur meine Füße klebten am Boden. Und ich sprach immer wieder: ‚Jesus Christus für meine Heilung!' Dann ließen sich meine Hände nicht mehr auseinander ziehen und der Körper begann zu pulsieren und zu kribbeln. Meine ganze Haut wurde sehr warm. Zwischendurch wurde ich sogar wieder skeptisch und hatte ein wenig Angst, aber irgendwie war diese Wärme sehr schön und ich habe weiter gebetet. Die Wärme nahm weiter zu und es wurde sogar heiß. Meine Handflächen haben stark gekribbelt. Man mag es kaum glauben, aber ich hatte irgendwie das Gefühl, dass alles um mich herum in der Farbe Gelb strahlte. Erst war es ganz leicht, dann vorsichtig stärker und dann stark. In diesem Moment dachte ich mir, dass dies die Aura sein muss, von der alle gesprochen haben. So konnte der gefühlte Schmerz irgendwie raus und ich hatte eine Antwort auf meine Bitte um Heilung erhalten. Es war ein Gefühl von großer Erleichterung, Wärme und Liebe.

Nach einer kurzen Zeit wurde es mir allerdings tatsächlich zu viel und ich habe die Augen aufgemacht und die Meditation nach ungefähr 9 Minuten beendet. Mein erster Satz in die Runde war, dass ich jetzt auch ein Gummibärchen sei, weil ich die ‚Gummibärchenaura' stark gespürt hatte.[55] Anschließend war ich sehr nervös, freudig, aber gleichzeitig auch sehr skeptisch. Man hat irgendwie das Gefühl verrückt zu sein, wenn man so etwas vorher noch nicht erlebt hat. Doch die Gruppe hat zumindest meine Sorge beruhigt. Schlimmer war die Reaktion meines Körpers. Ich hatte für fast 20 Minuten Hitzewallungen, sogar Schweißausbrüche, und wollte mich bewegen. Mein Kopf dagegen war ganz still. Nur im Bauch war noch

---

[55] „Gummibärchen" war das scherzhafte Bild in der Gruppe für die Aura voller Gefühle, die den physischen Körper des Menschen umgibt und durchdringt.

das Gefühl, als ob noch mehr heraus will und meine Handflächen kribbelten für eine ganze Weile weiter.

Währenddessen unterhielt ich mich mit zwei Kommilitoninnen und eine fragte mich, welche Gummibärchenfarbe ich denn sei. Ohne nachzudenken, antwortete ich „rot", weil meine Socken rot waren. Doch dann habe ich mich reingefühlt und nochmal überlegt, was ich eigentlich während der Meditation gefühlt und gesehen habe. Nein! Ich habe nicht rot, sondern gelb gestrahlt. Witziger weise hatten sich die zwei Kommilitoninnen wohl schon am Tag vorher über meine Gummibärchenfarbe unterhalten und meinten, dass sie auch festgestellt haben, dass ich gelb sei. So wurde aus der Skeptikerin ein gelbes Gummibärchen."

Empathisches Eintauchen in andere

⌘ „Letztes Mal bin ich bei der Arbeit mit einer Frau tiefer als sonst eingestiegen. Es ist mir passiert, dass ich sie gesiezt habe, obwohl wir längst beim Du waren. Ich habe sozusagen alles um mich herum vergessen und bin ganz und gar bei dieser Arbeit aufgegangen. Vom Ergebnis her war es sehr effektiv, aber ich war ein bisschen über mich selbst verwundert, wenn nicht erschrocken. Es war, als wäre ich völlig in das Energiesystem der Frau eingetaucht."

⌘ „Ich sitze in einem Café mit einer guten Freundin, trinke Kaffee. Wir reden über dies und das, ein wenig Smalltalk, Examen, Uni, Freunde ... Mir geht es gut, ich habe super Laune, die Sonne scheint. Auf einmal spüre ich ganz deutlich eine unglaublich starke Traurigkeit in mir, die immer stärker wird. Ich sage instinktiv: ‚Dir geht es nicht gut. Du bist traurig, nicht wahr?' Und in eben jenem Moment überschwemmt mich das Gefühl und mir schießen die Tränen in die Augen. Und meine Freundin fängt an zu weinen und stammelt nur ein: ‚Ja, ich weiß auch nicht. Da ist seit Tagen was, aber ich wusste nicht genau was.' Und wir gucken uns nach einer langen Umarmung etwas verwirrt an. Zufall??

Hunde gehen seit ein paar Tagen nicht mehr einfach an mir vorbei, sie bleiben stehen, kommen zu mir, sind interessiert an mir. Seh ich anders aus? Hab ich ein neues Duschgel? Meine Intuition stimmt in dieser Zeit immer. Merkwürdig. Ich bekomme eine SMS, ich weiß es vorher und von wem. Ich denke an jemanden, er ruft an. Ich fühle mich nicht mehr losgelöst, ich bin irgendwie mit allem verbunden. Ich muss nur in mich hineinhorchen, mich nicht ablenken lassen, alles ist in mir.“

Auditionen, Visionen, Lichterscheinungen – ignorieren!

Wenn Sie innere Stimmen hören, mystische Lichterscheinungen oder Visionen wahrnehmen, halten Sie sich bitte nicht für erleuchtet. Im ernsten Falle kann es sich um eine organische oder seelische Störung handeln, und es ist ratsam, dies mit einem Arzt abzuklären. Falls aus dieser Sicht alles in Ordnung ist, gilt die Grundregel der bildlosen Mystik: Ignorieren, ignorieren, ignorieren! MTP führt Sie auf einen Weg der bildlosen Mystik. Wenn Sie außergewöhnlichen Phänomenen Ihre Aufmerksamkeit schenken, ist dies, als würden Sie unterwegs auf einer langen Autobahnfahrt neugierig jede Ausfahrt ausprobieren und sich die Dörfer am Rande anschauen. So kommen Sie nicht ans Ziel. Zudem haben Sie die große Chance, im Irrgarten dieser Phänomene verrückt zu werden.

Wenn Sie einfach dem Rat folgen: Ignorieren, ignorieren, ignorieren!, dann werden diese Phänomene von selbst enden. Ihre eigene Aufmerksamkeit ist das Öl, das Sie ins Feuer der Phänomene schütten, bis die Flammen lodern. Durch Ignorieren verlöschen die Phänomene von selbst. Anfängerstolz und Neugierde sind hier die schlimmsten Ratgeber.

⌘ „Ich hatte schon mal beim Meditieren das Gefühl, dass ich völlig ruhig war und nichts mehr um mich herum wahrgenommen habe, keine Geräusch und nichts, da dachte ich: ‚Huch!‘, naja und dann war's wieder vorbei.

Schlimm war, als ich Stimmen gehört habe. Die waren zum Glück dann auch wieder weg. Das war, als K. bei mir übernachtet hatte. Ich hatte noch kurz meditiert und bin wieder in diesem komischen Modus gewesen. Und plötzlich hörte ich nur noch den Namen K. Ich war so erschrocken, habe schnell nach ihr gesehen und mich wieder hingelegt. Und dann habe ich einen Schrei gehört. Danach war auch Ruhe."

Nach der Erleuchtung – „Wäschewaschen und Kartoffeln schälen"

Es gibt überwältigende Erfahrungen auf diesem Weg, und sie verschwinden ebenso wieder. Der buddhistische Meditationslehrer und Psychologe *Jack Kornfield* hat ein lesenswertes Buch über das Kommen und Gehen von Erleuchtungserfahrungen geschrieben.[56] Fest steht: Der Alltag geht danach weiter. Wenn die Spiritualität Sie dauerhaft entwurzelt, läuft etwas falsch. Sie sollen kein „religiöser Mensch" werden, sondern hier unten auf der Erde einen Beitrag zur Entwicklung der Menschheit von dem Ort aus leisten, an dem Sie sich befinden. Dazu sind Sie hier.

---

[56] Jack Kornfield, Nach der Erleuchtung Wäsche waschen und Kartoffeln schälen, München 2010.

MTP Mental Turning Point®
Drei Übungen zum Befreien des Geistes

1 Befreien Sie den Willen

Wie frei ist Ihr Wille? Testen Sie es selbst:

Denken Sie sich eine zweckfreie Handlung aus, die Sie auch mitten unter Menschen ausführen können.
Zum Beispiel: „Um 14.30 will ich mir an die Nase tippen."
Oder: „Um 12.00 Uhr will ich ganz kurz nach rechts schauen" oder „meine rechte Fußspitze anheben".

Fehlschlag? Reagieren Sie wie ein Zen-Buddhist:

Nehmen Sie Fehler beim Üben wahr, als wären sie ein Schmetterling, der an Ihnen vorbeiflattert. Urteilen Sie nicht negativ darüber. Beginnen Sie auf keinen Fall innere Dialoge wie: „Ich wusste, aus mir wird nie etwas. Nichts gelingt mir im Leben, nicht mal so eine einfache Übung!" Erlernen Sie durch Fehler eine wichtige spirituelle Grundhaltung: Nehmen Sie etwas einfach nur wahr – ohne darüber zu urteilen. Sprechen Sie zu sich den Satz: „Es ist so wie es ist."

Der eigene Baukasten zum Erfolg

Falls Sie über mehrere Tage nur frustriert sind, pirschen Sie sich mit einer dieser Einsteiger-Varianten an den Erfolg heran:

- Gönnen Sie sich einen **Ergebniskorridor**: Erweitern Sie liebevoll Ihre Trefferquote, indem Sie 15 Minuten vor und nach Ihrem gewählten Zeitpunkt auch noch als „geschafft" mitzählen.

222

- Steigern Sie die Zahl der Übungen auf **jede volle Stunde**, die Sie wach sind. Und gratulieren Sie sich herzlich für das eine Mal am Tag, zu dem die Übung vielleicht endlich geklappt hat.

- **Koppeln Sie die Übung an Alltagsroutinen:** Wenn Ihnen die miteinander verbundenen Varianten 1 und 2 noch zu schwer fallen: Lösen Sie Ihre Willens-Übung von festen Zeiten. Koppeln Sie sie stattdessen an Alltagsroutinen. Z. B.: „Immer wenn ich die Zähne putze, Kaffee trinke, durch Türen gehe, zum Handy greife oder auf Toilette gehe . . . mache ich meine Übung."

- Wenn auch Variante 3 noch zu entmutigend verläuft: **Verzichten Sie zunächst auf jede Kopplung an Routinen oder Zeiten.** Versuchen Sie, überhaupt möglichst oft die Willens-Übung zu machen.

- **Schummeln – durch eingeschmuggelte Gefühle:** Eine Handlung um ihrer selbst willen zu *wollen* – das ist die Reinform der Willens-Übung. Aber ehe wir aufgeben, schummeln wir lieber. Koppeln Sie die Willens-Übung in Ihren ersten Übungswochen an ein schönes Gefühl. Beispiel: Streicheln Sie sich den Unterarm.

2 Befreien Sie die Gefühle

Szene finden: Rufen Sie sich eine Szene wach, bis Sie das Gefühl von Liebe oder Frieden oder Ruhe intensiv spüren.
Hineingehen: Begeben Sie sich in diese Szene mit allen 5 Sinnen hinein. Spüren Sie das Gefühl körperlich.

Beispiele:

Frieden: „Ich wandere am Strand. Hier ist Frieden."
Ruhe: „Ich klettere."
Liebe/Geborgenheit: „Ich kuschel mich an meinen Freund/ meine Freundin."

In der Szene bleiben: Versuchen Sie anfangs, in diesem Zustand 2 bis 5 Minuten zu verweilen.Wenn Sie durch Geräusche oder Gedanken abgelenkt werden, grübeln Sie nicht darüber. Kehren Sie in ihre Szene zurück und spüren Sie wieder dieses Gefühl.

Die Szene in den Alltag nehmen: Tanken Sie dieses Gefühl wiederholt im Alltag auf und hüllen Sie sich darin **schützend** ein. Sie werden dadurch autonom von den Launen anderer.

Meditieren für andere: Nehmen Sie Ihre Freunde sowie Menschen(-gruppen), die Ihre Unterstützung **brauchen,** mit in dieses Gefühl hinein, indem sie es ihnen „senden". Dafür stellen Sie sich einfach vor: Sie hüllen diese Menschen in das Gefühl wie in eine Wolke ein.

Sich und andere spirituell heilen: Senden Sie dieses Gefühl Menschen, von denen Sie schwer verletzt wurden und die

Ihnen ihr Leben schwer machen. Sie lösen dadurch zerstörerische Bindungen auf und schützen sich künftig vor diesen Menschen, denn sie verlassen deren Wellenlänge.

Überlebens-Tipp für Krisen

Worauf Sie sich konzentrieren, das wird stärker werden und Sie schließlich beherrschen!
Sobald Sie ein vernichtendes Gefühl spüren, konzentrieren Sie sich auf das *gegenteilige* Gefühl – am besten auf „Liebe", „Frieden" oder „Ruhe".

3 Den eigenen Geist zentrieren

Wer mit Mantren betet oder meditiert, erzeugt einen Zustand von Ruhe, Gelassenheit und müheloser Konzentration.

1. Jesusgebet:

Sie können zwischen der Langfassung (in unterschiedlichen Längen) wählen:

„Jesus Christus, (Sohn Gottes,) erbarme dich meiner, (des Sünders)."

Oder der konzentrierten Kurzform:

„Jesus Christus"

2. Andere Mantren:

„Liebe" (aus der „Wolke des Nichtwissens" von 1375-1400)
„Liebe umgibt mich." „(Ich bin) geborgen in Liebe."
„Alles ist gut."
„Alles ist eins."

Bei selbstgewählten Mantren ist wichtig:

- Sie konzentrieren uns auf heilende Inhalte.
- Sie sind in der Ist-Form. Zum Beispiel: „Alles *ist* gut." Statt: „Alles *wird* gut."
- Sie passen zum Atemrhythmus.

Wichtig: OHNE innere Bilder arbeiten, keine emotionalen oder spirituellen Erlebnisse suchen.

Einüben: Anfangs brauchen Sie vielleicht *ein paar ruhige Minuten*, um das innere Sprechen Ihres Mantras einzuüben. Nutzen Sie die Zeit morgens und abends beim Liegen im Bett, oder eine ruhige Phase wie im Bus oder auf dem Fahrrad.

Standby-Zeiten nutzen: Probieren Sie möglichst bald, das innere Sprechen im Alltag einzusetzen. Sprechen Sie die Formel in *allen* Alltagssituationen gedanklich, in denen Sie nicht konzentriert arbeiten müssen. Verwandeln Sie den Gang durch den Flur, das Warten auf den Bus, Einkaufen und Hausarbeit in Klosterzeit.

Sich in kritischen Momenten bewähren: Sobald dies gut funktioniert, sprechen Sie Ihr Mantra gezielt in *belastenden* Momenten, die Sie aus dem inneren Gleichgewicht reißen: in Konflikten, beim Gedankenkreisen und bei erdrückenden Gefühlen. Hierfür können Sie Ihr Mantra erweitern: „Jesus Christus – für meine Sorgen" („Liebe umgibt mich – in meinen Sorgen") oder „Jesus Christus – für das Gespräch". Dadurch wird alles Negative mit dem Kraftzentrum verbunden und nichts wird verdrängt.

Nutzen Sie Ihr Mantra als **Fürbitte**: Verbinden Sie Ihr Mantra mit den Namen der Menschen, um die Sie sich sorgen: „Jesus Christus – für YX." (oder die Langform – für XY) Es hilft mehr als 1.000 Sorgen!

Sprechen Sie Ihr Mantra als **Schutz vor Ihren Feinden** bzw. als Fürbitte für Ihre Feinde. Die Form ist die gleiche wie bei der Fürbitte: „Jesus Christus – für XY". Indem Sie den Feind in die Gottesbeziehung hinein nehmen, blockieren Sie die negativen Energien, die er Ihnen sendet, und Sie tragen zu seiner Weiterentwicklung bei.

Literaturverzeichnis

Assagioli, Roberto, Handbuch der Psychosynthese. Grundlagen, Methoden und Techniken, Rümlang/Zürich 2004.

Assagioli, Roberto, Psychosynthese und transpersonale Entwicklung, Rümlang/Zürich [2]2008.

Aufrichtige Erzählungen eines russischen Pilgers, hg. v. Emmanuel Jungclaussen, Freiburg [17]2010.

Armstrong, Thomas, Spiritualität des Kindes, Essen 1994.

Begley, Sharon, Neue Gedanken, neues Gehirn, München 2007.

Benediktinisches Brevier, hg. von der Abtei Münsterschwarzach, Münsterschwarzach 2009.

Benson,Herbert, Heilung durch Glauben, München 1997.

Bobert, Sabine, Jesusgebet und neue Mystik, Kiel 2010, Münsterschwarzach [2]2012 (Urban MystiX, 1).

Bobert, Sabine, Seelsorge in der Postmoderne. Mentales Coaching, Heilung und Mystagogie, in: Wege zum Menschen 2011 (63), 258-272.

Cassian, Johannes, Unterredungen mit den Vätern. Collationes Patrum. Teil 1: Collationes 1 bis 10, Quellen der Spiritualität,Band 5, Münsterschwarzach 2011.

Chia, Mantak, Gesundheit, Vitalität und langes Leben, Berlin 2004.

Communauté de Taizé, Die Gesänge aus Taizé, Taizé 2008.

Dalai Lama, Harmonischer Geist, vollkommenes Bewusstsein, München 2007.

Decker-Voigt, Hans-Helmut, Aus der Seele gespielt. Eine Einführung in Musiktherapie, München 1991.

Derwahl, Freddy, Eremiten. Die Abenteuer der Einsamkeit, München 2000.

Deshimaru-Roshi, Taisen, Za-Zen. Die Praxis des Zen, hg. v. Janine Monnot/Vincent Bardet, Berlin o. J.

Dinzelbacher, Peter, Christliche Mystik im Abendland – ihre Geschichte von den Anfängen bis zum Ende des Mittelalters, Paderborn 1994.

Dyckhoff, Peter, Gibt es für Christen Erleuchtung?, München 2003.

Dyckhoff, Peter, Gebet als Quelle des Lebens. Systematisch-theologische Untersuchung des Ruhegebetes ausgehend von Johannes Cassian, München 2006 (Beiträge zu einer ökumenischen Spiritualität, 1)

Evagrius Ponticus, Die große Widerrede. Antirrheticus, übersetzt von Leo Trunk, Münsterschwarzach 2010 (Quellen der Spiritualität, Band 1).

Forman, Robert K. C., What does mysticism have to teach us about consciousness?, in: Journal of Consciousness Studies 5 (1998), 185-201.

Grandinger, Martin/Schlosser, Marianne, Die Gabe der Unterscheidung. Texte aus zwei Jahrtausenden, Würzburg 2008.

Grof, Stanislav, Das Abenteuer der Selbstentdeckung, München 1987.

Grof, S./Grof, Christina (Hg.), Spirituelle Krisen, München [5]2000.

Grün, Anselm, Chorgebet und Kontemplation, Münsterschwarzach 2002 (Münsterschwarzacher Kleinschriften, Bd. 50).

Hell, Daniel, Die Sprache der Seele verstehen. Die Wüstenväter als Therapeuten, Freiburg/Basel/Wien 2007.

Ignatius von Loyola, Geistliche Übungen, hg. v. Peter Knauer, Würzburg [4]2006.

Jalics, Franz, Kontemplative Exerzitien, Würzburg [9]2005.

James, William, Die Vielfalt religiöser Erfahrung, hg. v. Eilert Herms, Olten/Freiburg 1979.

Joppich, Godehard/Reich, Christa/Sell, Johannes, Preisungen. Psalmen mit Antwortrufen, Münsterschwarzach 2005.

Zu *Joppich*: Preisungen. CD. Responsoriale Psalmodie, Münsterschwarzach 2001. (ausgewählte Psalmen aus dem Buch „Preisungen")

Jung, Carl Gustav, Die Psychologie des Kundalini-Yoga, Übersetzung aus dem Englischen. Zürich 1998.

Jungclaussen, Emmanuel (Hg.), Aufrichtige Erzählungen eines russischen Pilgers, Freiburg [17]2010.

Jungclaussen, Emmanuel (Hg.), Anleitung zur Anrufung des Namens Jesus von einem Mönch der Ostkirche, Regensburg [3]1980.

Kabat-Zinn, Jon, Gesund durch Meditation, Bern/München/Wien [3]1995.

Klein Maguire, Nancy, In der Stille vieler kleiner Stunden. Fünf Kartäuser-Novizen auf der Suche nach Gott, München 2007.

Knauer, Peter, Hinführung zu Ignatius von Loyola, Freiburg/Basel/Wien 2006.

Kornfield, Jack, Nach der Erleuchtung Wäsche waschen und Kartoffeln schälen, München 2010.

Krämer, Dietmar, Der Aufstieg der Kundalini, Grafing 2008.

Krishna, Gopi, Kundalini – Erweckung der geistigen Kraft im Menschen, 1983.

Leenen, Maria Anna, Einsam und allein? Eremiten in Deutschland, Münster 2006.

Lommel, Pim van, Endloses Bewusstsein. Neue medizinische Fakten zur Nahtoderfahrung, Düsseldorf 2009.

Lukoff, David, The diagnosis of mystical experiences with psychotic features, in: Journal of Transpersonal Psychology 17 (1985), 155-181.

Lukoff, David/Everest, H. C., The myths in mental illness, in: Journal of Transpersonal Psychology 17 (1985), 123-153.

Lukoff, David/Lu, Francis G./Turner, Robert, Toward a more culturally sensitive DSM-IV. Psychoreligious and psychospiritual problems, in: Journal of Nervous and Mental Disease, 180 (1992), 11, 673-682.

Main, John, Meditieren mit den Vätern. Gebetsweise in der Tradition des Johannes Cassian, Münsterschwarzach 1983 (MKS 21).

Markides, Kyriacos C., The Mountain of Silence. A Search for Orthodox Spirituality, New York 2001.

Massa, Willi, Kontemplative Meditation. Die Wolke des Nichtwissens. Einführung und Anleitung, Mainz 1974 und öfter.

Matus, Thomas, Yoga and the Jesus Prayer, 2010.

Mello, Anthony de, Contact with God. Retreat Conferences, Chicago 1997.

Moody, Raymond, Zusammen im Licht. Was Angehörige mit Sterbenden erleben, München 2011.

Müller, Andreas, Geistliche Väter als Lebensbegleiter. Ein Beitrag zur Seelsorgepraxis in der ostkirchlichen Orthodoxie, in: Internationale Kirchliche Zeitschrift 89 (1999), 209-251.

Nouwen, Henri J. M., Ich hörte auf die Stille. Sieben Monate im Trappistenkloster, Freiburg/Basel/Wien [3]2004.

Paissios der Agiorit, Athonitische Väter und Athonitisches, Sourotí bei Thessaloniki, [11]2005.

Palladius von Helenopolis, Leben der Väter (Historia Lausiaca), Griechische Liturgien. Übers. von Remigius Storf, München 1912

(Bibliothek der Kirchenväter, 1. Reihe, Band 5). Im Internet: http://www.unifr.ch/bkv/kapitel42.htm.

Peters, Veronika, Was in zwei Koffer passt. Klosterjahre, München 2008.

Powell, Diane Hennacy, Das Möbius Bewusstsein, München 2009.

Quekelberghe, Renaud van, Grundzüge der spirituellen Psychotherapie, Eschborn bei Frankfurt M. 2007.

Die Regel des hl. Benedikt, eingeleitet und übersetzt von P. Basilius Steidle OSB, Beuron[12]1980.

Sanella, Lee, Kundalini-Erfahrung und die neuen Wissenschaften, Essen 1994.

Sartory, Gertrude und Thomas (Hg.), Lebenshilfe aus der Wüste. Die alten Mönchsväter als Therapeuten, Freiburg im Breisgau [4]1985.

Schellenberger, Bernardin, Die Stille atmen. Leben als Zisterzienser, Stuttgart 2005.

Schulte, Therese, Transzendentale Meditation und wohin sie führt. Abschiedsdisput einer TM-Lehrerin, Stuttgart 1980.

Singer, Wolf/Ricard, Matthieu, Hirnforschung und Meditation, Frankfurt M. 2008.

Steurer, Jochen, Mantra-Meditation und ihre Folgen, in: Wege zum Menschen (54) 2002, 80-91.

Stock, Alex, Poetische Dogmatik. Christologie, Bd. 1: Namen, Paderborn 1995.

Stock, Alex, Poetische Dogmatik. Christologie, Bd. 2: Schrift und Gesicht, Paderborn 1996.

Taizé-Gottesdienste („Lichtfeier") online, als MP3 zum Herunterladen: http://www.domradio.com/audio/podcast/taize/taize.xml

Turina, Isacco, I nuovieremiti. La „fuga mundi" nell'Italia di oggi, Milano 2007.

Wallace, B. Alan, Contemplative Science. Where Buddhism and Neuroscience Converge, New York 2007.

Wiesel, Elie, Worte wie Licht in der Nacht, hg. von Rudolf Walter, Freiburg 1987.

Wilber, Ken, Wege zum Selbst. Östliche und westliche Ansätze zu persönlichem Wachstum, München 1984.

Wilber, Ken, Naturwissenschaft und Religion. Die Versöhnung von Wissen und Weisheit, Frankfurt M. 1998.

Zollner, Hans, Trost – Zunahme an Hoffnung, Glaube und Liebe. Zum theologischen Ferment der ignatianischen „Unterscheidung der Geister", Innsbruck 2004.

Abbildungsverzeichnis

Abbildung 4 und 5 wurden für dieses Buch angefertigt von Kathrin Tiedemann.

Personenverzeichnis

(ohne Nennung in Fußnoten)

uRbaN MystiX

Die Trilogie „Urban MystiX" führt theoretisch und praktisch
in eine lebendige christliche Gegenwartsmystik ein:

Band I

Jesusgebet und neue Mystik

bietet die theoretischen Grundlagen

Band II

Mystik und Coaching

ist der Praxisband für Einsteiger

Band III

wird die mystische Praxis
für Fortgeschrittene thematisieren.

Sabine Bobert
Jesusgebet und neue Mystik

Urban MystiX, Band I

Alte christliche mystagogische Techniken gewinnen im Kontext des 21. Jahrhunderts neue Bedeutung. Im Zeitalter der Individualisierung wird die Lebenskunst des Bei-sich-Seins, das mönchische „Secum esse", zu einer seelischen Schlüsselqualifikation.

Mystagogie arbeitet mit konkreten Techniken. Diese führen Menschen zu emotionaler und mentaler Autonomie. Mentale Autonomie bedeutet im Kontext der Mediengesellschaft und ihrer Werbemantren, über eine Wahlmöglichkeit der Bilder und Texte zu verfügen, die man verinnerlichen will. Das Buch führt in die Geschichte, den gesellschaftlichen Rahmen und in konkrete Techniken einer christlichen Mystagogie ein, kurz: In die Kunst, Menschen in ihre Lebensmitte zu führen.

Quellen der Spiritualität

Evagrius Ponticus
Die große Widerrede
Antirrhetikos

Quellen der Spiritualität Band 1
76 S., ISBN 978-3-89680-701-4

Evagrius Ponticus gibt uns positive Einreden an die Hand, die wir negativen Gedanken entgegensetzen können.

Evagrius Ponticus
Über das Gebet
Tractatus de oratione

Quellen der Spiritualität Band 4
80 S., ISBN 978-3-89680-704-5

Evagrius Ponticus fasst in diesem Buch die Lehren der Wüstenväter über das Gebet zusammen und deutet die Erfahrungen, die wir auf dem Weg der Kontemplation machen. Er zeigt, wie das Gebet zur Grundlage von Freude und Dankbarkeit wird, zu Demut und Milde führt und Traurigkeit und Mutlosigkeit vertreibt.

Quellen der Spiritualität

Johannes Cassian
Unterredungen mit den Vätern
Collationes patrum
Teil 1: Collationes 1-10

Quellen der Spiritualität, Band 5
366 S., ISBN 978-3-89680-705-2

Cassians Grundlagen geistlichen Lebens, geschrieben in der ägyptischen Wüste und der antik-frühchristlichen Umwelt, sind auch heute noch aktuell. Eine Hinführung, Abbildnungen und ein Glossar führen den Leser zum tieferen Verständnis der Texte.

Evagrius Ponticus
Worte an die Mönche
Worte an eine Jungfrau
Sententiae ad monachos
Sententiae ad virginem

Quellen der Spiritualität Band 6
112 S., ISBN 978-3-89680-706-9

Evagrius Ponticus gibt Ratschläge und Weisungen, wie Leben in einem guten und gemeinschaftlichen Miteinander gelingen kann. Die einprägsamen und manchmal provokanten Sprüche regen zum Weiterdenken an und sind auch heute noch für jeden spirituell lebenden Menschen aktuell.